Construyendo Riqueza en la Economía Cripto

Cómo Construir una Cartera de 6 a 7 Cifras Usando Estrategia, Paciencia e Inversiones Asimétricas

Por Joe Correa

Publicado por Live Stronger Faster

Primera Edición

Tabla de Contenido

Introducción

Hay momentos en la historia en los que se crea una nueva forma de riqueza — y la mayoría de las personas la dejan pasar. No porque la oportunidad no fuera real o accesible, sino porque no reconocieron las señales, no se prepararon, o estaban demasiado paralizados por el miedo y la duda para actuar. Estamos viviendo uno de esos momentos en este momento. La economía de las criptomonedas, a menudo descartada como volátil o especulativa, ha evolucionado hacia una nueva frontera de creación de riqueza asimétrica — donde las reglas están siendo reescritas y los guardianes del viejo mundo financiero están perdiendo poder. Esto no es solo una revolución tecnológica. Es una revolución económica. Y es tu oportunidad de jugar a la ofensiva en lugar de a la defensiva.

En el mundo tradicional, la riqueza se ha construido lentamente — a través de largas carreras profesionales, propiedades inmobiliarias o participaciones en negocios transmitidos de generación en generación. Estos siguen siendo caminos válidos, pero las criptomonedas introdujeron un nuevo paradigma: uno en el que personas comunes — sin contactos, sin riqueza heredada y sin experiencia en Wall Street — han logrado construir carteras de seis e incluso siete cifras comenzando con solo unos pocos cientos de dólares y la disposición para aprender. Las historias de ganancias de 10x, 100x e incluso 1000x no son mitos — son realidades matemáticas en un espacio construido sobre el crecimiento exponencial. Pero construir riqueza aquí no se trata de suerte ni de exageración mediática. Se trata de saber cómo hacer pequeñas apuestas estratégicas con un potencial masivo de crecimiento. Se trata de comprender los ciclos, gestionar el riesgo y pensar décadas hacia el futuro en una economía que se mueve a la velocidad del código.

Este libro trata sobre tomar el control de tu destino financiero utilizando la herramienta financiera más poderosa de nuestra época: la inversión asimétrica en la economía cripto. Pero dejemos algo claro — esta no es una guía para "hacerse rico rápidamente". De hecho, si eso es lo que estás buscando, estás en el lugar equivocado. Este es un plano para construir riqueza de manera estratégica e inteligente. Se trata de multiplicar tus victorias, proteger tu capital y posicionarte para prosperar a lo largo de múltiples ciclos. Ya sea que estés entrando al mercado por primera vez o refinando una cartera que ya has construido, el objetivo aquí es ayudarte a pensar, actuar y crecer como un constructor de riqueza de la era digital.

Lo que separa a los ganadores en el mundo cripto de las masas no es solo el conocimiento técnico — es la mentalidad. El inversionista que entiende la oportunidad asimétrica puede soportar dolor a corto plazo por ganancias a largo plazo. Entiende que la mayoría del mundo juega a la defensiva: reaccionando al miedo del mercado, vendiendo demasiado pronto y persiguiendo tendencias. Los verdaderos constructores de riqueza juegan a la ofensiva — se mueven estratégicamente, reequilibran cuando otros entran en pánico y establecen objetivos a largo plazo que la mayoría ni siquiera consideraría. Saben que el éxito no proviene de atrapar el punto más alto o más bajo del mercado, sino de mantenerse firme en un plan cuando hacerlo se siente más incómodo. No permiten que las velas rojas los sacudan. Permiten que los datos los guíen. Y cuando llega la próxima gran ola, ya están posicionados.

A lo largo de este libro, aprenderás cómo estructurar tu cartera de una manera que refleje tu tolerancia al riesgo, tus objetivos y tu horizonte de tiempo. Verás cómo utilizar la volatilidad de las criptomonedas a tu favor y no para tu ruina. Descubrirás estudios de caso reales de personas que transformaron inversiones modestas en riqueza que cambió sus vidas — no por suerte ciega, sino mediante consistencia y valentía. También hablaremos de las trampas psicológicas que destruyen la mayoría de las carteras — la codicia, el miedo y la impaciencia — y cómo protegerte de ellas. Y quizás lo más importante, aprenderás cómo traducir tus ganancias cripto en valor tangible para el mundo real — ya sea como ingresos reinvertidos, libertad financiera o un legado que sobreviva más allá de ti.

El proceso de construcción de riqueza en las criptomonedas tiene fases: acumulación, crecimiento, preservación y eventual despliegue o salida. Cada fase requiere diferentes estrategias, herramientas y disciplinas. En las primeras etapas, tu enfoque está en identificar activos infravalorados e invertir pequeñas cantidades de forma constante. En la etapa de crecimiento, puedes aprovechar los ciclos del mercado, las recompensas por staking o los activos que generan rendimiento. A medida que tu cartera madura, tu enfoque cambia hacia la protección — diversificación, reducción del riesgo y cobertura. Y finalmente, debes decidir cómo y cuándo tomar ganancias, convertirlas en activos reales o reinvertirlas en nuevas oportunidades. Este libro te guiará a través de cada una de estas etapas en detalle, brindándote un manual integral y de largo plazo para alcanzar soberanía financiera.

No estamos hablando solo de comprar tokens. Estamos hablando de comprar libertad. La libertad de abandonar trabajos que ya no te sirven. La libertad de vivir donde quieras, trabajar como quieras y dar como quieras. La libertad de construir una vida alineada con tus valores, no solo con tu salario. Eso es la verdadera riqueza — no solo números en una pantalla, sino opciones, autonomía y tranquilidad mental. Las criptomonedas no son un boleto de lotería. Son una herramienta. Y como cualquier herramienta, pueden construir una obra maestra o causar destrucción — dependiendo de cómo se utilicen.

Así que, ya sea que tengas unas pocas monedas y te preguntes qué hacer después, o estés listo para construir un plan de siete cifras que resista el paso del tiempo, este libro es tu hoja de ruta. No necesitas calcular el mercado perfectamente. No necesitas ser programador ni trader. Solo necesitas la mentalidad correcta, una estrategia sólida y consistencia. Necesitas tratar la riqueza en criptomonedas como un juego a largo plazo — porque así es como se crean las leyendas.

Comencemos tu próximo capítulo. No solo en este libro — sino en tu historia de riqueza. Tienes acceso a una de las mayores oportunidades financieras de la historia. Lo que hagas a continuación definirá tu futuro.

Construyamos riqueza — de manera inteligente, estratégica y soberana.

Capítulo 1: La Mentalidad de Construcción de Riqueza en las Criptomonedas

La riqueza no se trata solo de dinero — se trata de cómo piensas. Y en el mundo de las criptomonedas, la mentalidad lo es todo. El ritmo acelerado, la volatilidad constante y la montaña rusa emocional del mercado de activos digitales tienden a eliminar a quienes lo tratan como un casino o persiguen la próxima ganancia rápida. Pero quienes lo abordan con la mentalidad de un constructor de riqueza — equilibrada, estratégica y enfocada en el futuro — son los que hacen crecer consistentemente su cartera año tras año. Antes de profundizar en asignaciones, herramientas o estrategias asimétricas, debemos comenzar con lo único que determina tu éxito a largo plazo: cómo piensas.

La mentalidad de construcción de riqueza comienza con la paciencia. Las criptomonedas son un espacio de extremos — ganancias salvajes y pérdidas devastadoras — a menudo dentro de la misma semana. Esta volatilidad genera titulares, pero la verdadera riqueza se construye en los momentos intermedios: la acumulación silenciosa durante los mercados bajistas, la permanencia disciplinada durante las tendencias alcistas y la toma de ganancias sin emociones en los picos. La paciencia te permite ver más allá del momento y concentrarte en el horizonte a largo plazo. Es lo que separa a quienes venden por pánico de quienes compran cuando todos los demás tienen miedo. Quienes tienen éxito en las criptomonedas ven el tiempo como su mayor ventaja — no el "timing" del mercado.

Otro rasgo clave de la mentalidad de construcción de riqueza es la convicción basada en la educación. El inversionista promedio toma decisiones basadas en el movimiento del precio o el entusiasmo colectivo. Pero el constructor de riqueza toma decisiones basadas en el entendimiento. Estudia los whitepapers. Sigue las tendencias macroeconómicas. Aprende sobre la tokenómica. Comprende no solo lo que está comprando, sino por qué tiene valor a largo plazo. Esta profundidad de conocimiento crea resiliencia. Cuando el mercado cae un 40% en un mes, el inversionista educado no entra en pánico — reequilibra. Porque sabe lo que posee y cree en la tecnología o el protocolo subyacente. La riqueza en las criptomonedas no se trata solo de elegir ganadores — se trata de tener la confianza para mantenerlos durante las tormentas.

Luego viene la disciplina emocional, un rasgo raro en el mundo cripto. Es fácil sentirse eufórico cuando tu cartera se duplica en una semana. Y es igual de fácil sentirse devastado cuando pierde la mitad de su valor. Ambas emociones — la codicia y el miedo — son enemigas de la estrategia. Un constructor de riqueza se entrena para separarse de las emociones de corto plazo y mantenerse fiel al plan. Establece objetivos de precio con anticipación y los sigue. No persigue subidas repentinas. No entra por FOMO en la última meme coin. Entiende que la mayor parte del daño en las carteras no es causada por los mercados bajistas — sino por decisiones indisciplinadas tomadas como reacción a ellos. Construir riqueza significa gestionarte a ti mismo, no solo a tus activos.

El rasgo más poderoso de la mentalidad de riqueza en criptomonedas es el pensamiento asimétrico — la capacidad de ver que no necesitas arriesgarlo todo para ganar en grande. Solo necesitas hacer pequeñas apuestas estratégicas en las ideas correctas. En las finanzas tradicionales, podrías invertir para obtener un rendimiento anual del 10%. En las criptomonedas, es posible obtener 10x en varios años — no mediante apuestas irresponsables, sino posicionándote temprano. Esto significa estar dispuesto a asignar una pequeña parte de tu capital hacia oportunidades de alto riesgo y alta recompensa — proyectos con fundamentos sólidos, narrativas emergentes o utilidad a largo plazo. También significa estar dispuesto a perder poco para ganar mucho. Los inversionistas asimétricos entienden que uno o dos movimientos correctos pueden cambiarles la vida, incluso si tienen varias pérdidas pequeñas en el camino.

Un verdadero constructor de riqueza en el espacio cripto también entiende el concepto de ciclos. Nada en este mercado sube para siempre, y nada permanece abajo para siempre tampoco. Bitcoin se mueve en ciclos de halving de cuatro años, las altcoins siguen con volatilidad amplificada, y las principales narrativas rotan según los cambios macroeconómicos, la regulación y la adopción. En lugar de reaccionar emocionalmente, el inversionista estratégico se prepara para cada fase. Acumula cuando otros venden, consolida ganancias cuando la euforia alcanza su punto máximo y construye reservas de efectivo para la próxima ola. Reconoce las señales del mercado — y actúa como un profesional, no como un turista.

También necesitarás desarrollar una visión a largo plazo. Pregúntate: ¿Hacia dónde se dirige este espacio en 5, 10 o 15 años? El dinero inteligente no solo piensa en las ganancias de hoy — se está posicionando para el próximo internet. Para la digitalización de las finanzas. Para el acceso global a sistemas descentralizados. El constructor de riqueza está pensando en bienes raíces tokenizados, inteligencia artificial descentralizada, DAOs y la eventual incorporación de miles de millones de personas al mundo cripto — muchas de las cuales aún ni siquiera saben qué es una billetera digital. Ese tipo de visión te permite soportar la volatilidad de corto plazo porque entiendes el cambio sísmico que todavía se está desarrollando.

Y por último, debes tener una estrategia, no solo esperanza. Construir riqueza no consiste solo en mantener activos — implica reequilibrar, tomar ganancias, diversificar y proteger el capital. Significa tener planes de salida. Significa entender el impacto fiscal. Significa preguntarte: "¿Qué haré con mis ganancias una vez que las tenga?" Una cartera sin un plan es solo una apuesta con buenas intenciones. Pero un plan — incluso uno simple — te da estructura, reduce el estrés y aumenta tus probabilidades de éxito a largo plazo.

En los capítulos siguientes, desglosaremos cómo construir, gestionar y hacer crecer una cartera cripto de seis a siete cifras. Analizaremos asignaciones, herramientas, comportamiento del mercado y estrategias de riqueza adaptadas a la era digital. Pero nada de eso importa si no construyes primero tu base — tu mentalidad. Las mayores ganancias en criptomonedas suelen ser psicológicas. Domina tus emociones, mejora tu forma de pensar y trata tu viaje financiero como un negocio — no como un juego.

Recuerda: en el mundo cripto, no necesitas ser la persona más inteligente de la sala. Solo necesitas ser la más calmada. La más preparada. La más constante. Porque mientras otros están persiguiendo oportunidades, tú estarás construyendo. Silenciosamente. Estratégicamente. Poderosamente. Y así es como se crea la verdadera riqueza — no de la noche a la mañana, sino con el tiempo y con intención.

La Historia de Libertad de Javier

Javier no era ajeno al trabajo duro. Padre de dos hijos y de 38 años, había pasado los últimos 15 años trabajando en tecnología informática, viviendo de cheque en cheque y ahorrando modestamente en una cuenta de retiro que siempre parecía quedarse atrás de la inflación. En 2020, mientras estaba encerrado en casa durante el confinamiento global, Javier se encontró con una publicación en Reddit que hablaba sobre Bitcoin. Al principio lo descartó — había escuchado sobre ello años antes y pensó que ya había perdido la oportunidad. Pero algo en la manera en que las personas hablaban sobre descentralización, oferta limitada e independencia del sistema bancario tradicional captó su atención. No se lanzó de inmediato, pero esa publicación despertó una curiosidad que lentamente comenzó a cambiar su vida.

Durante las semanas siguientes, Javier se sumergió en videos de YouTube, artículos de blogs, whitepapers y podcasts. No el contenido exagerado de influencers, sino análisis profundos sobre la tecnología, la filosofía monetaria y la visión detrás de esta nueva economía digital. Cuanto más aprendía, más se daba cuenta de que las criptomonedas no se trataban solo de dinero — se trataban de libertad. Se trataban de nivelar el campo de juego. Y para alguien que siempre había sentido que estaba intentando alcanzar a los demás en un sistema manipulado, ese mensaje llegó profundamente a su corazón.

Pero Javier no hizo su primera inversión por emoción. La hizo por estrategia. Había visto a demasiadas personas entrar demasiado tarde en acciones tecnológicas o modas inmobiliarias, sin un plan. Así que una noche se sentó con una hoja de cálculo, un cuaderno y un objetivo simple: construir riqueza a largo plazo en un espacio que todavía estaba en su infancia. Decidió tratar las criptomonedas como un negocio – no como una apuesta. Comenzaría con inversiones pequeñas y regulares, y solo pondría dinero que pudiera permitirse perder. Lo más importante: se prometió a sí mismo que no se dejaría llevar por el pánico ni por la exageración del mercado.

Su primera compra fue un modesto monto de $250 en Bitcoin. Una semana después, compró $250 en Ethereum. Luego comenzó a investigar altcoins con utilidad real — monedas que resolvieran problemas reales o estuvieran construyendo infraestructura verdadera. No persiguió meme coins ni el hype de TikTok. Persiguió fundamentos. Configuró alertas. Aprendió a leer gráficos lo suficiente para identificar soportes y resistencias. Estudió los ciclos del mercado. Ignoró el ruido.

Tres meses después, el mercado cayó. Y fuerte. La inversión de $2,000 de Javier pasó a valer $1,200. Sintió cómo el miedo comenzaba a subir — esa presión en el pecho, el impulso de "cortar pérdidas" y huir. Pero en lugar de actuar emocionalmente, volvió a sus notas. Releyó los whitepapers. Escuchó entrevistas con desarrolladores. Se recordó a sí mismo por qué había invertido en primer lugar. Y luego, en lugar de vender, compró más.

Ese se convirtió en su ritmo. Comprar. Estudiar. Reflexionar. Reequilibrar. Nunca se excedió. Nunca dejó de aprender. Y comenzó a notar algo inusual — mientras muchos de sus amigos estaban estresados por la inflación, los despidos y el mercado de valores, Javier estaba tranquilo. Empoderado. No porque ya hubiera hecho una fortuna — todavía no — sino porque tenía un plan y creía en lo que estaba construyendo. Él estaba pensando cinco años hacia adelante mientras otros solo pensaban en el próximo viernes.

Dos años después, su estrategia comenzó a dar frutos. Su inversión total de $15,000 había crecido a más de $120,000. Algunas monedas habían subido 3x, otras 10x. Algunas fracasaron — pero nunca apostó demasiado en un solo proyecto. Su mentalidad consistente, diversificada y enfocada en el largo plazo lo protegió de la destrucción y lo posicionó para crecer. Durante el siguiente mercado alcista, su cartera superó los $300,000. Apenas podía creerlo. Pero en lugar de celebrar desenfrenadamente, reequilibró. Tomó ganancias. Movió parte a stablecoins. Pagó deudas. No apostó todo a la siguiente gran tendencia — se mantuvo firme en su camino.

La historia de Javier no se trata de suerte. Se trata de mentalidad. Se trata del poder silencioso de la paciencia en un mundo obsesionado con la gratificación instantánea. Se trata del valor de invertir cuando otros tienen miedo, y de la humildad de aprender mientras otros solo gritan. Y, sobre todo, se trata de ver la riqueza no como un destino — sino como un comportamiento.

Hoy, Javier continúa construyendo su cartera. Todavía trabaja, pero con más libertad — usando contratos remotos, viajando con su familia y pasando menos tiempo preocupado por el dinero. También está ayudando a otros — enseñándole a su hermana cómo comprar su primera billetera digital, guiando a sus compañeros de trabajo sobre los fundamentos del promedio de costo en dólares y organizando pequeñas reuniones en su biblioteca local sobre "Cómo Construir Riqueza con Criptomonedas de Forma Segura". Aún no es millonario — todavía — pero es más rico en las formas que realmente importan. Tiene control sobre su futuro financiero. Está construyendo algo que puede durar.

La mentalidad de Javier — paciente, estratégica, curiosa y comprometida — es exactamente lo que separa a los ganadores a largo plazo en la economía cripto de todos los demás. No es el token que eliges. Son los hábitos que construyes. Y en un mundo que cambia más rápido que nunca, la mentalidad es la única inversión que nunca puedes permitirte ignorar.

Capítulo 2: La Oportunidad Asimétrica de las Criptomonedas

Uno de los conceptos más poderosos en el mundo de las inversiones es la asimetría. En términos simples, la inversión asimétrica significa arriesgar una pequeña cantidad de capital con el potencial de obtener un rendimiento desproporcionadamente grande. Es lo opuesto a lo que hace la mayoría de las personas – arriesgarlo todo para ganar muy poco. Y en ningún lugar este principio está más vivo y accesible que en la economía de las criptomonedas. Mientras que los mercados tradicionales suelen recompensar a quienes tienen conexiones y grandes cantidades de capital, las criptomonedas han creado un espacio donde cualquier persona, en cualquier lugar, con tan solo cien dólares y el conocimiento adecuado, puede lograr ganancias que cambien su vida. La oportunidad es asimétrica – y favorece a quienes están preparados.

La inversión asimétrica no es apostar. No se trata de comprar cada altcoin de baja capitalización esperando un "moonshot". Es un enfoque estratégico y disciplinado para encontrar proyectos, tendencias o activos donde el potencial de crecimiento supera dramáticamente el riesgo. En criptomonedas, esto podría significar colocar entre el 1% y el 5% de tu cartera en un proyecto que podría multiplicarse 10x o incluso 100x si tiene éxito, mientras aceptas cómodamente la idea de que también podría irse a cero. El objetivo no es ganar siempre — el objetivo es posicionarte de manera que incluso una sola victoria pueda compensar varias pérdidas. Así es como los inversionistas ángeles construyen fortunas en startups. Y así es también como los inversionistas inteligentes en criptomonedas construyen riqueza generacional.

Analicemos esto más a fondo. Supongamos que asignas $500 entre 10 proyectos en etapa temprana, colocando $50 en cada uno. Si solo uno de ellos devuelve 20x y todos los demás fracasan, habrás convertido tus $500 en $1,000. Si dos tienen éxito, habrás duplicado o triplicado tu capital. Si cinco quedan en punto de equilibrio y uno despega enormemente, aún estarás ganando. Esa es la belleza de la asimetría — el riesgo está limitado, pero la recompensa es exponencial. Compáralo con la inversión tradicional, donde muchas personas arriesgan $100,000 para ganar un 5% anual — apenas $5,000 por año. Las criptomonedas invierten completamente esa ecuación.

La clave, sin embargo, es la exposición selectiva. No colocas toda tu cartera en apuestas asimétricas. En su lugar, separas un pequeño pero significativo porcentaje — generalmente entre el 5% y el 20%, dependiendo de tu tolerancia al riesgo — y lo tratas como un fondo de innovación de alto riesgo y alta recompensa. El resto de tu cartera puede estar en activos de gran capitalización como Bitcoin, Ethereum o stablecoins generando rendimiento. Esto te permite participar en el potencial alcista mientras proteges tu capital principal. La inversión asimétrica no consiste en ir "all in" — consiste en inclinar las probabilidades a tu favor, de manera inteligente y repetida.

Lo que hace que las criptomonedas sean especialmente adecuadas para oportunidades asimétricas es la naturaleza temprana de la mayoría de los proyectos. En los mercados tradicionales, cuando el inversionista promedio escucha sobre una empresa, las mayores ganancias ya desaparecieron. Las ofertas públicas iniciales suelen estar reservadas para inversionistas institucionales. En criptomonedas, sin embargo, muchos proyectos se lanzan directamente al público mediante exchanges descentralizados o lanzamientos de tokens. Esto significa que, con el momento adecuado y una buena investigación, puedes entrar temprano — a veces incluso antes que los capitalistas de riesgo. Esta es una posición rara y poderosa que no existe en la mayoría de las otras clases de activos.

Pero para aprovechar esta oportunidad, también debes comprender la información asimétrica. En las finanzas tradicionales, la información valiosa está protegida. En el mundo cripto, a menudo está escondida a plena vista. Los grupos de Discord, los commits de GitHub, la actividad de la comunidad, las actualizaciones de desarrolladores y las métricas on-chain pueden decirte muchísimo sobre la salud y el impulso de un proyecto — si sabes dónde mirar. La mayoría de las personas ignoran estas señales porque requieren esfuerzo para entenderlas. Pero el esfuerzo es una forma de apalancamiento. Cuanto más aprendes, más puedes detectar valor antes que la multitud. Y en un espacio donde la velocidad importa, ser temprano puede ser la diferencia entre una ganancia de 2x y una transformación financiera de 50x.

También es importante reconocer que la inversión asimétrica requiere tolerancia emocional. Verás movimientos salvajes de precios. Experimentarás caídas importantes. Dudarás de tus posiciones. Eso forma parte del juego. Si tratas cada inversión como si tu futuro financiero completo dependiera de ella, entrarás en pánico con cada vela roja. Pero si asignas tu capital con intención, aceptando que algunas apuestas fallarán, tendrás la claridad para mantener a los ganadores y cortar a los perdedores sin apego emocional. Esa claridad es tu ventaja.

El timing juega un papel crítico en las ganancias asimétricas. Las primeras etapas de adopción, justo antes de que una tendencia se vuelva masiva, suelen ser las ventanas más rentables. Aquí es donde encuentras tokens infravalorados en relación con su futura utilidad. Considera el auge de DeFi, los NFTs, las soluciones de escalado Layer 2 o la tokenización de activos del mundo real (RWA). Los inversionistas que entraron temprano durante las fases de investigación y experimentación obtuvieron rendimientos asimétricos. Quienes esperaron hasta que los medios masivos hablaran del tema generalmente entraron en la cima o cerca de ella. La inversión asimétrica recompensa la visión anticipada — no la retrospectiva.

Para tener éxito en este juego, desarrolla tu tesis asimétrica. Este es un conjunto de ideas o narrativas en las que crees profundamente, respaldadas por investigación, donde estás dispuesto a asignar pequeñas posiciones calculadas. Tal vez sea el crecimiento de la inteligencia artificial descentralizada. Tal vez sean las monedas de privacidad en un mundo lleno de vigilancia. Tal vez sean los créditos de carbono tokenizados, las remesas internacionales o la identidad descentralizada. Elige los temas que mejor entiendas y concéntrate en ellos. Aprende quiénes son los líderes. Únete a las comunidades. Mantente involucrado. Cuando el mercado finalmente adopte tu tesis — y lo hará — ya estarás posicionado.

Finalmente, piensa en la inversión asimétrica como una estrategia a largo plazo, no como una serie de operaciones rápidas. Las mayores ganancias suelen tomar años, no semanas. Piensa en los primeros adoptantes de Bitcoin o Ethereum. Vieron cómo sus carteras fluctuaban violentamente, pero quienes mantuvieron sus posiciones a través de los ciclos y continuaron acumulando terminaron con riqueza que cambió sus vidas. El secreto no estaba solo en elegir el activo correcto — estaba en mantenerse firme durante la tormenta. La asimetría no se trata solo de números — se trata de mentalidad, paciencia y convicción.

En el próximo capítulo, desglosaremos cómo aplicar esta mentalidad a tu cartera real — construyendo una estrategia de riqueza cripto de seis o siete cifras con asignaciones específicas, herramientas y ejemplos. Pero recuerda siempre: en el juego asimétrico, no necesitas tener razón muchas veces — solo necesitas acertar en grande cuando lo haces.

Cómo Fátima Pasó de Freelancer a Inversionista

Fátima era una diseñadora freelance de 29 años que vivía en Marruecos. Siempre había soñado con la independencia financiera, pero creció en un hogar donde invertir parecía algo reservado solo para los ricos o para quienes tenían educación occidental. Los bancos no eran confiables, la inflación destruía los ahorros y las oportunidades eran escasas. Aun así, Fátima era curiosa. Seguía tendencias tecnológicas, experimentaba con negocios en línea y ocasionalmente se encontraba con conversaciones en Twitter sobre personas obteniendo ganancias extraordinarias con criptomonedas. Aun así, dudaba — hasta que un día escuchó un podcast que le presentó el concepto de inversión asimétrica.

La idea la impactó como un rayo. No se trataba de arriesgarlo todo para ganar dinero rápido. Se trataba de apostar poco e inteligentemente — arriesgando solo lo que podía permitirse perder por la posibilidad de ganar mucho más. Fátima se dio cuenta de que no necesitaba comenzar con miles de dólares ni tener un título en finanzas. Solo necesitaba un plan y el valor de empezar poco a poco. Esa misma noche abrió su primera cuenta en un exchange. Con el equivalente a $300 en moneda local, compró una combinación de Bitcoin y Ethereum, y luego reservó una parte — $50 — para explorar proyectos emergentes en los que creía.

Fátima se sumergió profundamente en la investigación. Exploró comunidades de Discord, leyó whitepapers sobre plataformas freelance tokenizadas y se unió a una DAO enfocada en trabajadores independientes globales. Un proyecto — un mercado descentralizado de diseño — captó especialmente su atención. Aún no era popular. Ningún influencer de YouTube hablaba de él. Pero ella conectó con la visión: dar a diseñadores de países emergentes acceso directo a clientes mediante pagos basados en blockchain. Compró una pequeña cantidad del token, no porque estuviera de moda, sino porque lo entendía. Esa se convirtió en su apuesta asimétrica.

Pasaron los meses y el mercado se volvió negativo. Bitcoin cayó un 30%. La mayoría de las altcoins cayeron aún más. Su cartera se redujo. Pero Fátima no entró en pánico. Entendía que la volatilidad era parte del camino. Reequilibró y utilizó la caída para agregar un poco más a sus proyectos de mayor convicción. Mientras trabajaba en proyectos freelance, seguía aprendiendo — observando ciclos de mercado, explorando tokenómica y siguiendo la adopción real. Mientras otros estaban obsesionados con los gráficos de precios, ella estaba enfocada en construir conocimiento y encontrar ideas infravaloradas escondidas a plena vista.

Entonces ocurrió. El token de diseño en el que ella creía comenzó a ganar tracción. Los influencers lo descubrieron. Los exchanges lo listaron. El uso explotó. En pocos meses, el token subió 25x. Sus modestos $50 ahora valían más de $1,200. No era una fortuna, pero era una prueba. La inversión asimétrica funcionaba. Un solo movimiento pequeño y bien investigado había superado todo el rendimiento de su cuenta de ahorros. Y aún más importante — había cambiado su mentalidad para siempre.

Fátima no se detuvo ahí. Comenzó a tratar su cartera como un sistema de múltiples niveles. Su núcleo era estable — BTC, ETH y algunos activos blue-chip. Luego tenía su capa asimétrica — entre el 5% y el 10% de su capital reservado para apuestas audaces de gran potencial. Algunas fracasaron. Otras se estancaron. Pero una o dos más — incluyendo un proyecto DeFi de América Latina y una moneda de privacidad de conocimiento cero — generaron enormes ganancias. No porque tuviera suerte, sino porque estudió la tecnología, los equipos y el crecimiento de usuarios mucho antes de que se volvieran populares.

Hoy, Fátima gana en criptomonedas, ahorra en criptomonedas e invierte en criptomonedas. Sus modestas jugadas asimétricas le dieron suficiente capital para tomarse un descanso del trabajo, construir una agencia de diseño web y comenzar a enseñar a otros jóvenes del norte de África cómo acercarse estratégicamente al mundo cripto. No presume de "moonshots" ni de monedas infladas artificialmente. Enseña el poder de los pequeños riesgos educados. La magia de la inversión asimétrica no está solo en las ganancias — está en cómo transforma tu visión del mundo. De repente, ya no te sientes impotente dentro del sistema financiero. Te sientes participante. Un jugador. Un constructor.

La historia de Fátima nos recuerda que las mejores inversiones no siempre son las más ruidosas. A menudo son proyectos que silenciosamente resuelven problemas reales, liderados por equipos dedicados y pasados por alto por las masas. Cuando se aborda con humildad, disciplina y visión, la inversión asimétrica en criptomonedas no es solo una estrategia de riqueza — es una puerta hacia la libertad. Para quienes están dispuestos a hacer el trabajo, pensar de manera independiente y actuar con decisión, el potencial va mucho más allá de lo financiero. Es personal. Es transformador. Y está esperando.

Capítulo 3: El Plano de una Cartera Cripto de 6 Cifras

Construir una cartera cripto de seis cifras no es el resultado de una sola operación afortunada — es el resultado de una estrategia estructurada e intencional aplicada con el tiempo. La mayoría de las personas en el espacio de las criptomonedas persiguen ganancias, pero rara vez construyen riqueza porque carecen de un plan. En este capítulo, vamos a desglosar exactamente cómo estructurar una cartera que pueda crecer hasta $100,000 y más allá. Ya sea que comiences con $1,000 o $25,000, los principios siguen siendo los mismos: protege tu capital, invierte con intención y deja que el interés compuesto haga el trabajo pesado.

En el núcleo de este plano está la idea de la asignación — cómo divides tu dinero entre varios activos criptográficos. Toda gran cartera comienza con una base. Para la mayoría de los inversionistas, esa base es Bitcoin (BTC) y Ethereum (ETH) — los dos activos digitales más establecidos, líquidos y seguros del espacio. Estos normalmente deberían representar entre el 40% y el 60% de tu cartera, dependiendo de tu tolerancia al riesgo. Bitcoin actúa como reserva de valor y cobertura contra la inflación, mientras que Ethereum ofrece exposición al ecosistema más amplio de contratos inteligentes, DeFi y NFTs.

Una vez que tu base está establecida, la siguiente capa consiste en altcoins de mediana capitalización con fundamentos sólidos, utilidad real y desarrollo activo. Estas podrían incluir soluciones Layer 1 y Layer 2 como Solana, Avalanche o Arbitrum; protocolos DeFi como Aave o Curve; o tokens de infraestructura como Chainlink o The Graph. Esta parte de tu cartera — generalmente entre el 20% y el 30% — es donde capturas un mayor crecimiento mientras mantienes un perfil de riesgo razonable. Estos activos pueden experimentar una mayor volatilidad, pero también tienen significativamente más potencial alcista que BTC o ETH durante los ciclos alcistas.

Luego viene tu capa asimétrica — la parte de alto riesgo y alta recompensa de tu cartera que incluye proyectos en etapa temprana, tokens de baja capitalización y apuestas basadas en tendencias. Esta sección no debería representar más del 10% al 20% de tu cartera total y debería estar diversificada entre varias apuestas. Aquí es donde son posibles los mayores rendimientos — 10x, 50x o incluso más — pero también donde las pérdidas son comunes. Al mantener limitada tu asignación, reduces la posibilidad de una pérdida catastrófica mientras mantienes abierta la puerta a un crecimiento explosivo. Toda cartera de seis cifras de la que hayas escuchado probablemente tuvo una o dos apuestas asimétricas exitosas que hicieron la mayor parte del trabajo.

Una cartera bien estructurada también incluye una reserva de efectivo o stablecoins — normalmente entre el 5% y el 15%. Este es tu capital de reserva para caídas del mercado, correcciones u oportunidades repentinas. Mantener stablecoins como USDC o USDT al margen puede parecer improductivo durante un mercado alcista, pero durante las correcciones se convierten en tu herramienta más poderosa. La capacidad de comprar cuando otros tienen miedo — y hacerlo sin vender tus posiciones ganadoras — es una de las mayores ventajas que puede tener un inversionista disciplinado. El efectivo no es solo capital. Es confianza.

El siguiente concepto es el promedio de costo en dólares (DCA). En lugar de intentar predecir el mercado, el DCA significa invertir una cantidad fija de dinero a intervalos regulares — sin importar el precio. Esta estrategia suaviza tus puntos de entrada, reduce la toma de decisiones emocionales y construye consistencia. Ya sean $50 por semana o $500 por mes, automatizar tus aportes elimina las adivinanzas y hace crecer tu cartera de forma constante. Con el tiempo, acumularás más durante las caídas y menos durante los picos — una forma natural de "comprar barato".

El reequilibrio es otra práctica esencial para hacer crecer tu cartera. A medida que los mercados se mueven, tus asignaciones cambiarán. Por ejemplo, si un activo crece más rápido que los demás, puede llegar a representar el 50% de tu cartera. Reequilibrar significa vender periódicamente una parte de ese activo y redistribuirla para que tu cartera vuelva a alinearse con tu estrategia original. Esta práctica asegura ganancias y evita la sobreexposición a un solo activo. Una buena frecuencia es reequilibrar cada 3 a 6 meses, o cuando una posición supera tus límites preestablecidos.

Un factor frecuentemente ignorado en el crecimiento de una cartera es el interés compuesto. Cuando generas rendimiento mediante staking, préstamos o provisión de liquidez — y reinviertes esas recompensas — aceleras el crecimiento de tu cartera. Incluso pequeños porcentajes compuestos mensualmente pueden resultar en enormes ganancias durante algunos años. Las plataformas DeFi ofrecen formas de ganar entre 4% y 20% APY (y a veces más) simplemente poniendo tus criptomonedas a trabajar. Sin embargo, siempre evalúa el riesgo de los contratos inteligentes y mantente con protocolos confiables.

Ahora hablemos de números. Supongamos que comienzas con $5,000 y agregas $500 mensuales mientras logras un rendimiento promedio anual del 20% — conservador según los estándares de las criptomonedas. En cinco años, tendrías más de $60,000. Si tienes suerte con un par de apuestas asimétricas de 10x durante un ciclo alcista y tomas ganancias inteligentemente, tu cartera podría fácilmente superar los $100,000. La clave es la consistencia — mantenerte fiel a tu estrategia y evitar decisiones emocionales que saboteen las ganancias a largo plazo.

Por último, no olvides tu estrategia de salida. Muchas personas construyen grandes carteras y luego lo pierden todo porque no saben cuándo ni cómo tomar ganancias. Establece metas con anticipación. Por ejemplo: "Venderé el 25% de esta posición si sube 3x", o "Moveré ganancias a stablecoins después de alcanzar los $100,000". Protege tus ganancias. La verdadera riqueza se construye cuando las ganancias se capturan y luego se reinvierten o se utilizan para mejorar tu vida. No permitas que la codicia borre años de inversión inteligente.

Este plano de seis cifras es simple, pero no fácil. Requiere disciplina, control emocional y una visión a largo plazo. Pero si lo sigues — ajustándolo según tus objetivos, horizonte de tiempo y apetito por el riesgo — estarás muy por delante del 90% de los inversionistas cripto. Recuerda: construir riqueza no se trata de conectar un jonrón. Se trata de sumar pequeños aciertos, evitar grandes errores y dejar que el tiempo haga su trabajo.

Cómo la Vida de Marcus Cambió con las Criptomonedas

Marcus vivía en Chicago y trabajaba como gerente de logística para una empresa local de camiones. Era práctico, responsable y nunca se consideró un "experto en finanzas". No creció rodeado de dinero y siempre siguió la sabiduría convencional: ahorrar el 10%, invertir en fondos mutuos y retirarse a los 65 años. Pero al llegar a finales de sus treinta, ese plan ya no estaba funcionando. Sus ahorros crecían lentamente, la inflación seguía reduciendo su valor y, a pesar de años de trabajo duro, la libertad financiera parecía fuera de alcance.

En 2021, un compañero de trabajo le habló a Marcus sobre las criptomonedas durante un almuerzo. Al principio, Marcus lo descartó como una moda pasajera — había escuchado historias de personas que lo perdían todo. Pero la curiosidad pudo más. Esa noche leyó sobre Bitcoin, Ethereum y cómo las finanzas descentralizadas estaban permitiendo que las personas hicieran crecer su capital fuera de los sistemas tradicionales. No estaba listo para entrar aún, pero la semilla quedó plantada. Durante las semanas siguientes, Marcus investigó carteras, escuchó podcasts y descubrió una estrategia que realmente conectó con él: una cartera cripto estructurada por capas y diseñada para el crecimiento a largo plazo.

Comenzó poco a poco. Con un colchón de ahorro de $10,000, Marcus decidió invertir solo $3,000 en criptomonedas – suficiente para sentirlo, pero no tanto como para destruirlo si todo salía mal. Creó una hoja de cálculo, dividió su presupuesto y diseñó un plan simple pero estratégico. Asignó el 50% a la base – Bitcoin y Ethereum – activos que entendía y en los que confiaba. No prometían riqueza instantánea, pero tenían historia, utilidad y adopción institucional.

Luego vino la siguiente capa – altcoins prometedoras con utilidad real. Eligió algunas basadas en casos de uso que tenían sentido para él: almacenamiento descentralizado, ecosistemas de videojuegos y puentes cross-chain. Pasaba las noches leyendo whitepapers y viendo entrevistas con desarrolladores en lugar de mirar Netflix. No perseguía lo que estaba de moda ese día. Construía convicción a través del entendimiento.

Para el último 15% de su cartera, Marcus se permitió ser audaz. Estas eran sus apuestas asimétricas – oportunidades de alto riesgo y alta recompensa en proyectos en etapa temprana. Eligió tres tokens de baja capitalización enfocados en tokenización de activos del mundo real, logística de envíos descentralizada e inteligencia artificial sobre blockchain. Sabía que podían fracasar – pero si uno solo tenía éxito, podría transformar toda su cartera. Esta capa era su oportunidad para romper el ciclo de vivir de cheque en cheque y construir verdadero apalancamiento a partir del conocimiento.

Marcus también mantuvo el 10% en stablecoins — por si acaso. Sabía que necesitaría ese capital de reserva cuando los mercados cayeran. Cuando llegó su primer invierno cripto, esa reserva de stablecoins lo salvó. Mientras otros entraban en pánico y vendían con pérdidas, Marcus compró más de sus activos principales con descuento. Su sistema funcionó — no porque fuera más inteligente, sino porque estaba preparado.

Para mantener la disciplina, configuró una inversión recurrente mensual de $300. Cada día de pago, esa cantidad se transfería automáticamente y se distribuía según la estructura de su cartera. Dejó de intentar predecir el mercado y comenzó a enfocarse en la consistencia. Revisaba su cartera cada tres meses, reequilibraba cuando un token crecía más allá de su porcentaje original y mantenía las emociones fuera del proceso.

Al final de su segundo año, Marcus había aportado un total de $10,000. Gracias a algunas apuestas asimétricas inteligentes y a un fuerte mercado alcista, su cartera valía poco más de $78,000. Estaba sorprendido. No solo había superado el rendimiento de su 401(k) — lo había hecho con un plan construido por él mismo desde cero. Un año después, tras tomar ganancias y multiplicarlas mediante staking y yield farming, superó los $125,000. Una cartera de seis cifras – construida con paciencia, estructura y disposición para aprender.

La vida de Marcus cambió, no solo financieramente, sino mentalmente. Veía el sistema de manera diferente. Ya no se sentía atrapado por las finanzas tradicionales. Tenía opciones. Confianza. Control. Utilizó parte de las ganancias para pagar deudas, llevó a su esposa a unas vacaciones largamente esperadas y comenzó a ahorrar para el fondo universitario de su hija – en stablecoins y BTC.

Cuando sus amigos le preguntaban cómo lo había logrado, Marcus no les hablaba de una meme coin ni de un consejo secreto. Les hablaba sobre las capas de una cartera. Sobre entender el riesgo. Sobre mantenerse consistente cuando era aburrido y valiente cuando daba miedo. Y, sobre todo, sobre tratar las criptomonedas como un negocio a largo plazo, no como un boleto de lotería.

La historia de Marcus no es única. Es la historia de cualquiera que cambia el hype por estructura y las emociones por estrategia. El plano de las seis cifras no está reservado para genios tecnológicos ni para expertos de Silicon Valley. Es para cualquier persona – en cualquier lugar – dispuesta a aprender, comprometerse y construir con el tiempo. Como Marcus, no necesitas buscar el jonrón perfecto. Solo necesitas presentarte cada mes con un plan.

Capítulo 4: Navegando los Mercados Alcistas y Bajistas

Si quieres construir verdadera riqueza en la economía cripto, debes aprender a dominar los ciclos — especialmente la montaña rusa emocional de los mercados alcistas y bajistas. La mayoría de las personas son reactivas. Compran caro, venden barato y repiten los mismos errores cada cuatro años. Pero los inversionistas exitosos no son víctimas del ciclo — lo utilizan a su favor. Acumulan cuando otros huyen y cosechan ganancias cuando la euforia ciega al rebaño. En este capítulo, aprenderás cómo construir riqueza tanto en mercados alcistas como bajistas reconociendo patrones, estableciendo reglas y manteniéndote fiel a una estrategia.

Comencemos con los mercados alcistas — la parte que todos aman. En criptomonedas, los mercados alcistas se caracterizan por una rápida apreciación de precios, cobertura masiva en los medios, crecimiento explosivo de usuarios y enormes entradas de capital minorista. Durante estos períodos, el valor de las carteras puede multiplicarse rápidamente — 2x, 5x e incluso 10x en cuestión de meses. Pero con ese potencial alcista viene un gran riesgo: la codicia. Las personas comienzan a creer que el precio solo seguirá subiendo. Sobreasignan capital. Ignoran los fundamentos. Dejan de tomar ganancias.

Un constructor de riqueza utiliza los mercados alcistas no para entrar — sino para salir. Eso no significa venderlo todo, pero sí significa tener un plan. Un método común es una estrategia escalonada de toma de ganancias. Por ejemplo, vender el 20% de una posición después de una ganancia de 3x, otro 20% después de 5x y otra parte después de 10x. Esto te permite seguir aprovechando el crecimiento mientras aseguras ganancias en el camino. Otro enfoque es vender el monto original invertido después de una gran subida — permitiéndote jugar con "dinero de la casa" durante el resto del ciclo. La clave es establecer estos planes antes de que el precio explote — no durante el momento de euforia.

Los mercados alcistas también son un momento para rotar capital. A medida que los activos de gran capitalización alcanzan máximos, el capital suele fluir hacia monedas de mediana y baja capitalización. Aprovechar correctamente estas "temporadas de altcoins" puede multiplicar tus rendimientos, pero requiere disciplina. Perseguir tendencias tarde en el ciclo puede llevar a caídas devastadoras. Por eso algunos inversionistas utilizan límites de cartera — por ejemplo, no más del 5% en una sola micro-capitalización o una exposición máxima del 20% a proyectos experimentales. A medida que llegan las ganancias, reasignan capital hacia activos más estables como BTC, ETH o stablecoins para proteger su patrimonio neto.

Ahora pasemos a los mercados bajistas — la parte silenciosa, dolorosa y crítica del ciclo. Aquí es cuando los turistas abandonan el mercado, los precios colapsan y las redes sociales quedan en silencio. Pero para los constructores de riqueza, los mercados bajistas son un regalo. Aquí es donde acumulas activos con descuento, construyes convicción y plantas las semillas para el próximo ciclo alcista. El problema es que la mayoría de las personas tienen demasiado miedo para comprar cuando los precios caen un 70% o más. Creen que el mercado está muerto. Y es precisamente ahí donde la oportunidad es mayor.

En los mercados bajistas, el nombre del juego es preservación de capital y acumulación. Debes duplicar tu educación, evaluar proyectos por su valor a largo plazo y continuar haciendo DCA en tus posiciones de mayor convicción. Tus apuestas asimétricas todavía pueden existir, pero deberás ser aún más selectivo y conservador. En muchos casos, es mejor aumentar tu exposición a activos blue-chip como BTC y ETH — que tienden a liderar la recuperación en cada nuevo ciclo.

Es durante los mercados bajistas cuando desarrollas resiliencia mental. Cuestionarás tus decisiones. Tendrás la tentación de venderlo todo. Pero recuerda: cada mercado alcista en la historia comenzó en las cenizas de un mercado bajista. Si capitulas en el fondo, perderás completamente la próxima subida. Por eso muchos inversionistas a largo plazo utilizan planes automáticos de inversión durante las temporadas bajistas — estableciendo compras recurrentes fijas sin importar el sentimiento del mercado. Esto elimina las emociones de la ecuación y garantiza que siempre estés construyendo tu posición cuando los precios están bajos.

Los mercados bajistas también son un excelente momento para reequilibrar tu cartera. Tal vez tus apuestas de alto riesgo no funcionaron. Tal vez te sobreexpusiste a NFTs o meme tokens. Ahora es el momento de reflexionar, eliminar perdedores y reestructurar tu cartera para hacerla más fuerte. Mueve capital hacia infraestructura real, protocolos DeFi con flujo de caja o tokens con próximos catalizadores. Consolida. Simplifica. Reposiciónate.

Ya sea en un mercado alcista o bajista, tener una estrategia de ciclo es esencial. Muchos veteranos del mundo cripto siguen el "ciclo de cuatro años de Bitcoin", que normalmente incluye acumulación, ruptura, manía y colapso. Alinear tu comportamiento con estas fases puede ayudarte a mantenerte enfocado y equilibrado. Acumula antes del halving. Toma ganancias durante las corridas eufóricas. Sal de apuestas especulativas antes del pico. Y durante el colapso — mantén la calma, continúa aprendiendo y reconstruye.

También debes considerar el entorno macroeconómico. Las tasas de interés globales, la inflación, las regulaciones y la innovación tecnológica afectan los mercados cripto. Por ejemplo, el aumento de tasas de interés suele reducir el apetito por el riesgo en todas las clases de activos, incluidas las criptomonedas. Estar consciente de las señales macro puede ayudarte a anticipar cambios del mercado y ajustar el tamaño de tus posiciones en consecuencia. Los constructores de riqueza estudian más que solo gráficos — estudian el mundo.

Por último, monitorea tus emociones. La codicia y el miedo siempre son más fuertes cuando más se requiere actuar. Durante las corridas alcistas, cuando te sientes invencible — es cuando necesitas tomar ganancias. Durante los mercados bajistas, cuando todo parece perdido — es cuando necesitas seguir construyendo. Establece reglas y automatiza decisiones siempre que sea posible. No se trata de predecir perfectamente el mercado — se trata de eliminar las emociones para ejecutar tu plan a largo plazo.

El mercado siempre se moverá en ciclos. Pero la riqueza no se construye en la cima — se construye en el valle. Si puedes dominar los mercados alcistas y bajistas, no solo sobrevivirás a la economía cripto — prosperarás dentro de ella. En el próximo capítulo, hablaremos sobre cómo proteger lo que has construido: preservación de riqueza, gestión del riesgo y salidas inteligentes.

La Experiencia de Trading de Ava

Ava estaba sentada en la mesa de su cocina, mirando las velas verdes iluminar su cartera. Era finales de 2021 y el mercado de criptomonedas estaba en llamas. Ethereum se había duplicado en dos meses. Solana alcanzaba nuevos máximos históricos diariamente. Su pequeña inversión en un token de almacenamiento descentralizado había explotado 15x. Su teléfono vibraba constantemente con alertas, Twitter estaba lleno de predicciones eufóricas y sus amigos — muchos de los cuales se habían burlado de sus inversiones en criptomonedas un año antes — ahora le rogaban consejos. Se sentía como una genio. Pero algo no se sentía bien.

Solo un año antes, Ava había estado en el lado opuesto del ciclo. A principios de 2020, había entrado al mundo cripto con cautela — haciendo DCA en Bitcoin y Ethereum. Cuando llegó el desplome de la pandemia, su cartera cayó un 60%. Los titulares gritaban "Las Criptomonedas Han Muerto", y su confianza se tambaleó. Pero en lugar de entrar en pánico, profundizó aún más. Estudió la historia de los mercados. Descubrió el concepto de ciclos de cuatro años. Aprendió que los mercados bajistas no eran el final — eran el comienzo de la construcción de riqueza. Así que hizo lo que pocos tuvieron el valor de hacer: siguió invirtiendo.

Esa experiencia quedó grabada en su memoria. Así que ahora, con su cartera creciendo más de un 500% y aumentando rápidamente, Ava recordó lo rápido que las cosas podían cambiar. Releyó sus notas, abrió su plan original y comenzó a tomar ganancias. No todo. Solo el 20% de cada posición que se había duplicado. Movió esas ganancias a stablecoins y comenzó a buscar señales de euforia: portadas de revistas, celebridades promocionando criptomonedas y amigos sin experiencia en inversiones dando consejos financieros. Todo estaba ahí. El ciclo estaba alcanzando su punto máximo — y ella lo sabía.

En las semanas siguientes, el mercado subió aún más. Ava cuestionó su decisión. Sintió FOMO — miedo a quedarse fuera — especialmente cuando una moneda que había vendido siguió subiendo otro 40%. Pero se mantuvo fiel a su plan. Y luego, casi de la noche a la mañana, ocurrió. El colapso. Bitcoin cayó 30%. Luego 50%. Las altcoins se desplomaron un 70% o más. Las redes sociales quedaron en silencio. Los influencers desaparecieron. Ava observó cómo su cartera caía — pero no tenía miedo. Tenía stablecoins al margen y ya había asegurado ganancias que cambiaban su vida. No solo estaba sobreviviendo al colapso — se estaba preparando para el próximo ciclo.

Durante el mercado bajista, Ava reequilibró su cartera. Eliminó tokens muertos, estudió nuevos protocolos e invirtió fuertemente en sí misma. Mientras otros abandonaban las criptomonedas frustrados, ella se acercó aún más. Se unió a una DAO, comenzó a generar rendimiento con sus stablecoins y duplicó sus posiciones en Bitcoin y Ethereum cuando los precios alcanzaron mínimos de varios años. No era emocionante — pero era poderoso. Ava entendía que la riqueza se construye en las sombras, no bajo los reflectores.

Dos años después, cuando el mercado comenzó a recuperarse, la preparación de Ava volvió a dar frutos. Sus reinversiones durante el mercado bajista le dieron una enorme ventaja inicial. Mientras otros corrían para ponerse al día, ella ya estaba posicionada. El nuevo mercado alcista ni siquiera había alcanzado su pico y ella ya estaba nuevamente en máximos históricos — con el doble del valor de cartera que tenía en el pico anterior. Pero esta vez, estaba tranquila. Segura. Estratégica. Había dominado los ciclos.

La historia de Ava no se trata de predecir perfectamente el máximo o el mínimo del mercado. Se trata de tener un plan y la disciplina emocional para seguirlo. Utilizó los mercados alcistas para tomar ganancias y rotar capital. Utilizó los mercados bajistas para reconstruir y acumular. No quedó atrapada en la histeria de la multitud. Escuchó al mercado, siguió su estrategia y tomó decisiones desde la fortaleza – no desde el miedo.

Los ciclos cripto siempre se repetirán. Los mercados alcistas intentarán seducirte. Los mercados bajistas intentarán quebrarte. Pero las personas que entienden el ritmo, que actúan con intención en lugar de emoción, terminarán adelante. Como Ava, no necesitas ser perfecto – solo necesitas estar preparado.

Capítulo 5: Preservación de la Riqueza y Planes de Salida

Hacer crecer tu cartera de criptomonedas es solo la mitad de la ecuación. La otra mitad — que a menudo se pasa por alto — es conservarla. Muchos inversionistas se enfocan únicamente en la acumulación y en ganancias explosivas, pero nunca aprenden cómo preservar su riqueza. Por eso innumerables personas pasan de tener carteras de seis o siete cifras a volver a cero en un solo ciclo. En este capítulo, aprenderás cómo proteger tus ganancias, reducir el riesgo a medida que creces y crear un plan de salida que te ayude a convertir riqueza digital en seguridad del mundo real.

La preservación de riqueza comienza con un principio simple: no ganas hasta que sales. Una ganancia en papel es solo eso — en papel. Los mercados pueden revertirse rápidamente y, sin un plan, las emociones pueden llevar a malas decisiones. Por eso, la primera regla de la preservación de riqueza es definir cuándo y cómo tomarás ganancias. Esto no significa venderlo todo en la cima (una tarea imposible), sino establecer metas claras. Por ejemplo, podrías elegir retirar tu capital inicial después de una ganancia de 2x, tomar un 25% de ganancias después de un 5x y otra parte después de un 10x. Estos pasos predefinidos reducen la tentación de mantenerlo todo indefinidamente.

Tu plan de salida debe incluir múltiples niveles: salidas parciales durante mercados alcistas, estrategias automáticas de rebalanceo y conversión hacia activos más seguros como stablecoins o incluso dinero fiat cuando sea apropiado. Muchos inversionistas cripto a largo plazo siguen una estrategia de "rotar y retirar" — tomando ganancias de activos con alto rendimiento y reasignándolas a protocolos DeFi que generan flujo de caja, monedas blue-chip o moviéndolas completamente fuera de la cadena hacia activos del mundo real como bienes raíces o metales preciosos. Este flujo asegura que tus ganancias sirvan para algo más allá de la pantalla de tu cartera.

La preservación de riqueza también requiere mitigación de riesgos mediante diversificación. Si toda tu cartera depende de cinco tokens altamente volátiles, una sola caída importante puede borrar años de ganancias. Una cartera bien equilibrada debe incluir una mezcla de posiciones a largo plazo (BTC, ETH), monedas de mediana capitalización con utilidad, apuestas asimétricas y stablecoins o activos cubiertos. A medida que tu cartera crece, tu tolerancia al riesgo debe evolucionar — y tus asignaciones deben cambiar en consecuencia. Cuanto más rico te vuelves, más debe enfocarse tu cartera en proteger esa riqueza en lugar de perseguir el próximo 10x.

Otra estrategia clave es usar almacenamiento en frío. Si mantienes grandes cantidades de criptomonedas en exchanges centralizados, eres vulnerable a hackeos, fraudes o congelamientos regulatorios. Utiliza billeteras físicas como Ledger o Trezor para almacenar tus posiciones a largo plazo fuera de línea y mantén solo activos de trading o generación de rendimiento en billeteras calientes o exchanges. La propiedad lo es todo en el mundo cripto — y la autocustodia es una de las herramientas más poderosas para preservar riqueza.

No olvides las implicaciones fiscales. En muchas jurisdicciones, las ganancias en criptomonedas se consideran eventos imponibles — especialmente cuando conviertes a fiat o utilizas criptomonedas para compras. Los inversionistas inteligentes registran cada operación, retiro e interacción de billeteras utilizando herramientas como Koinly o CoinTracking. Dependiendo de tu país, las posiciones a largo plazo pueden recibir un tratamiento fiscal más favorable y las pérdidas podrían ser deducibles. Ignorar los impuestos puede convertir el crecimiento de tu cartera en un problema futuro, así que convierte esto en parte de tu estrategia de protección patrimonial desde el primer día.

Además de la planificación de salidas y la protección, preservar riqueza significa crear rampas de salida hacia el mundo real. ¿Qué harás con tus ganancias? ¿Invertirás en bienes raíces? ¿Comenzarás un negocio? ¿Pagarás deudas? ¿Financiarás tu jubilación? La razón más poderosa para salir no es el miedo – es el propósito. Cuando tu riqueza cripto está conectada con metas significativas de vida, es más probable que actúes racionalmente y preserves tu legado.

Una herramienta poderosa para la preservación de riqueza a largo plazo es el yield farming con stablecoins. Una vez que tomas ganancias, puedes colocarlas en protocolos de alto rendimiento que generan entre 5% y 15% anual – mucho mejor que los bancos tradicionales. Por supuesto, deberás evaluar el riesgo de contratos inteligentes, la estabilidad de la plataforma y las restricciones de liquidez, pero cuando se hace correctamente, esto convierte tu efectivo inactivo en una fuente constante de ingresos. Es una manera de permitir que tus ganancias realizadas sigan trabajando mientras esperas la próxima oportunidad.

Finalmente, considera establecer fideicomisos, LLCs o billeteras multisig si administras grandes carteras. Estas estructuras ofrecen protección legal, beneficios de planificación patrimonial y seguridad adicional. A medida que tu riqueza crece, querrás pensar como un negocio — no solo como un individuo. Eso incluye planificación de sucesión, estrategias de herencia y protección del futuro financiero de tu familia.

El objetivo de construir riqueza en criptomonedas no es solo ver números subir. Es cambiar tu vida. Tener libertad. Crear una protección que te resguarde durante crisis económicas. Poder dar, invertir y crecer de maneras que antes no podías. Eso requiere disciplina, visión y disposición para actuar cuando llegue el momento. No seas la persona que vio crecer su cartera — y luego caer — porque nunca tuvo un plan de salida.

En el próximo capítulo, exploraremos cómo utilizar herramientas avanzadas — desde análisis on-chain hasta rastreadores de cartera y optimizadores de rendimiento — para administrar tu riqueza creciente y tomar decisiones más inteligentes, rápidas y basadas en datos.

El Plan de Conversión de Activos Reales de Elías

Elías había pasado tres años haciendo crecer cuidadosamente su cartera cripto. Lo que comenzó como un interés secundario durante el confinamiento — aprender sobre Bitcoin y Ethereum — se había convertido en una rutina disciplinada. Cada viernes después del trabajo, se sentaba en su escritorio, abría su hoja de cálculo y revisaba sus inversiones. No era un trader a tiempo completo, influencer ni programador. Solo un padre de 42 años y pequeño empresario en Texas que había descubierto una pasión silenciosa por construir riqueza en la economía digital.

A finales de 2022, Elías había aumentado su cartera a poco más de $250,000. Había tomado posiciones tempranas en ETH, AVAX y un token de videojuegos que se disparó durante el último mercado alcista. Pero esta vez no quería cometer el mismo error que vio cometer a muchos otros — mantener las ganancias hasta que todo se desplomara. Un año antes, había visto a un amigo construir una cartera de siete cifras y perder casi todo por negarse a vender. Eso dejó una impresión duradera. Elías estaba decidido a hacerlo mejor. Sabía que la verdadera riqueza no se construye con hype — se conserva mediante estrategia.

Se sentó y escribió su primer plan oficial de salida. Su objetivo no era retirar todo el dinero, sino retirar ganancias sistemáticamente, proteger lo que había construido y convertir parte de las ganancias en activos tangibles que mejoraran su vida. Su primer objetivo era simple: cuando cualquier activo se duplicara, retiraría su inversión inicial. De esa manera, estaría "libre de riesgo" en esa posición. Si crecía más de 5x, comenzaría a rotar parte de las ganancias hacia stablecoins — específicamente USDC y DAI — y las movería a protocolos DeFi confiables para generar rendimiento mientras esperaba nuevas oportunidades.

Elías también quería sacar parte de su cartera fuera de la red digital. Vendió una pequeña porción de Bitcoin y utilizó las ganancias para pagar un préstamo comercial de alto interés. Ese único movimiento le dio una ventaja psicológica — por primera vez, sus ganancias en criptomonedas habían mejorado directamente su seguridad financiera en el mundo real. Eso cambió todo. Sus inversiones ya no eran solo números en una pantalla. Eran libertad. Opciones. Apalancamiento.

Comenzó a convertir otras ganancias en stablecoins y a utilizarlas para generar ingresos pasivos mediante staking y préstamos. Movió sus posiciones a largo plazo a almacenamiento en frío utilizando una billetera física y configuró una segunda billetera con opción multisig para planificación patrimonial. Su esposa, anteriormente escéptica sobre las criptomonedas, comenzó a hacer preguntas — y eventualmente se unió a él para diseñar un plan familiar de preservación de riqueza. Incluso se reunieron con un asesor financiero para entender las leyes fiscales locales y cómo reducir futuras obligaciones tributarias.

Elías también adoptó una visión más amplia. Creó un "plan de conversión de activos reales", donde el 20% de sus ganancias futuras se destinaría a activos tangibles: tierras, paneles solares e incluso una pequeña propiedad de alquiler en su ciudad natal. Sabía que los mercados cripto se movían en ciclos y no quería encontrarse rico en una temporada y quebrado en la siguiente. Su mentalidad había madurado — de acumulador a protector. Y esa mentalidad lo hizo inquebrantable.

Así que cuando el mercado se enfrió a principios de 2023 y muchos inversionistas entraron en pánico, Elías se sintió tranquilo. Ya había tomado ganancias. Sus posiciones principales estaban aseguradas. Su fondo de emergencia estaba en stablecoins generando rendimiento. Y se había diversificado hacia fuentes de ingresos del mundo real. Las criptomonedas seguían siendo parte de su vida, pero ya no lo consumían. No revisaba precios diariamente. Tenía estructura. Un sistema. Paz.

La historia de Elías es un recordatorio de que la preservación es poder. Construir una cartera de seis o siete cifras significa poco si no tienes un plan para asegurar ganancias o proteger capital. Pero con disciplina, intencionalidad y un compromiso con el pensamiento a largo plazo, la riqueza cripto puede traducirse en libertad duradera. La verdadera riqueza no se mide por qué tan alto sube tu cartera — sino por cuánto de ella conservas cuando el mercado cambia.

Capítulo 6: Herramientas Avanzadas para Constructores de Riqueza

A medida que tu cartera de criptomonedas crece, también debería crecer tu conjunto de herramientas. Construir riqueza en la economía cripto ya no se trata solo de comprar y mantener — se trata de administrar datos, automatizar tu estrategia, minimizar riesgos y tomar decisiones inteligentes e informadas. Ya sea que busques llevar tu cartera de cinco a seis cifras o proteger una cartera de siete cifras, las herramientas adecuadas pueden darte una enorme ventaja. En este capítulo, analizaremos algunas de las plataformas, aplicaciones y paneles más poderosos utilizados por los modernos constructores de riqueza cripto.

Comencemos con los rastreadores de cartera, que son esenciales para la visibilidad y el control. Una vez que pasas de tener unos pocos activos o billeteras, actualizar hojas de cálculo manualmente se convierte en una pesadilla. Aplicaciones como CoinStats, Delta y Zerion te permiten conectar billeteras, rastrear el rendimiento en tiempo real, monitorear tarifas de gas e incluso ver desgloses históricos de ganancias y pérdidas. Para inversionistas serios, DeBank y Zapper ofrecen paneles específicos de DeFi que rastrean tus posiciones de yield farming, balances de staking y actividades de préstamos en múltiples protocolos. Estas herramientas te ayudan a ver toda tu cartera de un vistazo — a través de cadenas, tokens y plataformas — para que puedas reequilibrar con claridad.

Luego vienen las herramientas de análisis on-chain. Estas plataformas te permiten mirar debajo del capó de la blockchain e identificar tendencias antes de que se conviertan en titulares. Glassnode, CryptoQuant e IntoTheBlock proporcionan métricas como direcciones activas, entradas a exchanges, ratios de HODL y actividad de ballenas. Estos datos te permiten detectar tendencias de acumulación, identificar condiciones de sobrecompra o sobreventa y medir el sentimiento general del mercado. Por ejemplo, un aumento en las entradas de BTC a exchanges podría señalar presión de venta próxima, mientras que un aumento en el suministro de stablecoins en exchanges podría indicar nuevo poder de compra. Estas herramientas te ayudan a actuar con datos, no con emociones.

Para usuarios avanzados de DeFi, agregadores y optimizadores de rendimiento como Yearn Finance, Beefy Finance o Idle Finance automatizan estrategias de rendimiento en múltiples protocolos. Estas plataformas te ayudan a maximizar el APY mientras minimizan la gestión activa. Algunas incluso recomponen automáticamente tus recompensas o mueven fondos entre protocolos según cambian las tasas de rendimiento. Aunque estas herramientas suelen cobrar pequeñas tarifas de rendimiento, la automatización que ofrecen puede aumentar significativamente tus ganancias con el tiempo — especialmente para quienes entienden los riesgos y mecanismos subyacentes.

Cuando se trata de seguimiento fiscal y cumplimiento tributario, herramientas como Koinly, CoinTracking.info y TokenTax son indispensables. Estas plataformas rastrean tu historial de transacciones a través de billeteras y exchanges, calculan ganancias y pérdidas de capital y generan reportes fiscales basados en las regulaciones de tu país. A medida que tu cartera crece, el costo de cometer errores fiscales se vuelve demasiado alto para ignorarlo. Al sincronizar tus billeteras temprano y mantener tus registros organizados, evitas el dolor de cabeza de intentar reconstruir meses o años de actividad cuando llega la temporada de impuestos.

La seguridad también es una consideración importante. Querrás utilizar aplicaciones de autenticación multifactor como Authy o Google Authenticator, administradores de contraseñas como 1Password y — lo más importante — billeteras físicas como Ledger o Trezor para almacenamiento en frío. Como constructor de riqueza, eres un objetivo. No almacenes grandes sumas en exchanges centralizados. Utiliza billeteras multisig como Gnosis Safe si administras fondos comunitarios o empresariales y habilita protección con frase de acceso en tu billetera fría para agregar una capa adicional de seguridad. Una sola brecha podría deshacer años de crecimiento compuesto. Trata la seguridad como parte de tu estrategia de riqueza — porque lo es.

Para investigación y descubrimiento, plataformas como Token Terminal, Messari y Dune Analytics proporcionan información profunda sobre rendimiento de tokens, ingresos de protocolos y tendencias de adopción de usuarios. Estas herramientas te permiten filtrar el ruido y enfocarte en fundamentos. Si te tomas en serio la inversión asimétrica, puedes usar Dune para construir paneles personalizados y rastrear métricas únicas para tu tesis de inversión — como volumen de trading de NFTs, balances de tesorerías DAO o curvas de adopción de Layer 2.

También querrás monitorear el sentimiento del mercado con herramientas como el Índice de Miedo y Codicia, Santiment y LunarCrush, que analizan tendencias de redes sociales, actividad de desarrolladores y participación comunitaria. Cuando el sentimiento está en máximo miedo, puede ser una señal para acumular. Cuando la codicia domina y todos creen que el mercado no puede caer — normalmente cae. Estas señales no son perfectas, pero ayudan a guiar el pensamiento contrario a la multitud, que suele ser donde existen las mayores oportunidades de riqueza.

Para automatizar la ejecución, bots de trading y plataformas de automatización como 3Commas, Shrimpy y Stoic pueden ayudarte a configurar DCA automático, rebalanceo y estrategias de toma de ganancias. Incluso si no operas activamente, automatizar pequeñas tareas recurrentes reduce la fatiga de decisión y mejora la consistencia. También puedes usar IFTTT o Zapier para configurar alertas relacionadas con criptomonedas, rastrear titulares de noticias o activar procesos de respaldo basados en cambios en la cartera.

Finalmente, construye un panel o centro de comando cripto — un espacio simple en Notion, Google Sheets o un entorno personalizado que te brinde un lugar central para rastrear tu cartera, enlaces importantes de noticias, fechas fiscales, reglas de inversión y metas financieras. Trata tu riqueza como un negocio. Si realmente quieres convertir las criptomonedas en libertad, necesitas un centro de control para administrarlo todo — no una colección de marcadores y capturas de pantalla.

En resumen, las herramientas no construyen riqueza — pero la amplifican. Reducen errores. Proporcionan claridad. Te ayudan a actuar más rápido, de manera más inteligente y con mayor confianza. El objetivo no es usar todas las herramientas disponibles — es encontrar las que se adapten a tu estrategia y amplifiquen tu ventaja. Porque en el mundo cripto, conocimiento más apalancamiento equivale a poder. Y las herramientas correctas te ofrecen ambos.

En el próximo capítulo, exploraremos estudios de caso reales de personas que utilizaron estas herramientas y estrategias para pasar de inversiones modestas a carteras de seis y siete cifras — y las lecciones que podemos aprender de sus experiencias.

Rina: La Persona No Tecnológica

Rina nunca fue una persona muy tecnológica. Exmaestra de Nueva Zelanda, llegó al mundo cripto gracias a un amigo que le regaló una pequeña cantidad de Ethereum como agradecimiento. Curiosa, comenzó a aprender lo básico. Al principio, escribía direcciones de billeteras en un cuaderno y usaba notas adhesivas para rastrear sus activos. Pero a medida que su cartera crecía y comenzaba a experimentar con DeFi, rápidamente se dio cuenta de que su sistema — o la falta de uno — no iba a ser suficiente.

Un día, después de perder una oportunidad de alto rendimiento porque no pudo mover fondos a tiempo, decidió organizarse. Esa noche descubrió CoinStats – una aplicación elegante que se conectaba a sus billeteras y le permitía ver toda su cartera en una sola vista. Por primera vez, podía rastrear su rendimiento, observar sus ganancias y pérdidas en tiempo real e incluso recibir alertas de cambios de precio. Fue como salir de la oscuridad.

A medida que la curiosidad de Rina crecía, también lo hacía su confianza. Comenzó a usar DeBank y Zapper para monitorear sus posiciones en múltiples cadenas – Ethereum, Polygon y Arbitrum. Descubrió que había olvidado fondos en una granja de rendimiento a la que se había unido meses antes. Esa pequeña cantidad casi se había duplicado gracias al interés compuesto – y estuvo a punto de perderla simplemente por olvidar que existía. Desde ese momento, se comprometió a usar paneles no solo como conveniencia, sino como una necesidad de gestión patrimonial.

Para tomar mejores decisiones, Rina comenzó a estudiar análisis on-chain. Aprendió a leer entradas a exchanges en CryptoQuant, analizó actividad de billeteras con Glassnode y utilizó IntoTheBlock para entender cuándo las ballenas estaban acumulando. Era empoderador – como poder ver los movimientos del dinero inteligente en tiempo real. Mientras otros adivinaban, Rina utilizaba datos. Eso le dio claridad durante las caídas y confianza durante las correcciones. Ya no estaba reaccionando — se estaba preparando.

Cuando llegó el momento de los impuestos, Rina se dio cuenta de que necesitaba ayuda. Algunas operaciones aquí y allá se habían convertido en docenas de transacciones en múltiples billeteras y exchanges. Se registró en Koinly, sincronizó sus billeteras y de inmediato vio cuánto más fácil podían ser las cosas. El software categorizó sus ganancias, señaló eventos imponibles e incluso proporcionó el reporte exacto que necesitaba su contador. Lo que habría tomado días de trabajo manual ahora se hacía en minutos. Ese reporte fiscal le ahorró miles de dólares en multas evitables — y le dio tranquilidad.

La seguridad se convirtió en otra prioridad. Rina había escuchado historias de terror sobre hackeos a exchanges y estafas de phishing. Compró una billetera física Ledger, transfirió sus posiciones a largo plazo y comenzó a usar Google Authenticator para todos sus inicios de sesión. También instaló un administrador de contraseñas y aprendió a configurar billeteras multisig para mayor protección. A medida que su riqueza crecía, también aumentaba su conciencia — y su sentido de responsabilidad.

Rina incluso creó su propio panel en Notion — una página simple donde rastreaba sus objetivos cripto, enlaces a herramientas favoritas, tareas semanales y métricas de rendimiento. Cada domingo, se preparaba una taza de té y revisaba su sistema: verificaba su hoja de rebalanceo, revisaba sus recompensas de staking, leía Token Terminal para obtener información sobre ingresos de protocolos y ajustaba sus apuestas asimétricas en consecuencia. Se convirtió en su versión de una sala de juntas financiera personal — un ritual silencioso y estructurado que la mantenía centrada.

Ahora, con su cartera acercándose a las seis cifras, Rina atribuye su éxito no a un solo token o mercado alcista — sino a su sistema. Sus herramientas no solo la ayudaron a hacer crecer su riqueza — la ayudaron a conservarla. Le dieron visibilidad, control y claridad. Y en un mercado que se mueve más rápido que cualquier otro en el mundo, esas tres cosas no tienen precio.

El viaje de Rina es prueba de que construir riqueza en criptomonedas no requiere complejidad — requiere compromiso. Las herramientas no son un lujo. Son una base. Ya seas un principiante con $500 o un inversionista experimentado con $500,000, las herramientas correctas crean estructura, eliminan emociones y desbloquean un potencial que ni siquiera sabías que tenías.

Capítulo 7: Estudios de Caso — De $5K a Más de $500K

Leer estrategias y marcos de trabajo es importante — pero verlos aplicados en la vida real puede ser aún más poderoso. En este capítulo, exploraremos varios estudios de caso reales de personas que utilizaron los principios que hemos discutido para convertir inversiones modestas en criptomonedas en carteras de seis y siete cifras. Estos ejemplos no se tratan de hype ni de suerte. Se tratan de disciplina, convicción, pensamiento asimétrico y decisiones inteligentes tomadas de manera consistente. Ya sea que estés comenzando con $500 o con $50,000, las lecciones de estas historias son universalmente aplicables.

Comencemos con el Estudio de Caso 1: El Acumulador. David era un contador de 29 años en California que comenzó a invertir en criptomonedas durante el mercado bajista de 2018. No intentó adivinar el fondo del mercado — en cambio, se comprometió a invertir $250 por mes, sin importar el precio. A lo largo de tres años, construyó posiciones en Bitcoin, Ethereum y un puñado de tokens DeFi. Durante el mercado alcista de 2021, esas inversiones mensuales disciplinadas — que totalizaban alrededor de $9,000 — crecieron hasta casi $140,000. Sus mayores ganancias no provinieron de tokens de alto riesgo, sino de mantener y capitalizar activos blue-chip con el tiempo. Su éxito demuestra que el tiempo en el mercado supera al intento de cronometrar el mercado — especialmente cuando eliminas las emociones de la ecuación.

El Estudio de Caso 2: La Pensadora Asimétrica se centra en Jamila, una desarrolladora de software en Kenia que comenzó con solo $1,000. Estudió tokenómica, siguió la actividad de desarrolladores en GitHub e invirtió temprano en una plataforma freelance descentralizada enfocada en mercados emergentes. Su posición de $200 en ese token eventualmente creció a más de $30,000 cuando la adopción se disparó durante el auge global del trabajo remoto. Solo necesitó una victoria — respaldada por un caso de uso real e investigación — para multiplicar su cartera. La historia de Jamila enfatiza el poder de las apuestas asimétricas, especialmente para inversionistas fuera de los centros financieros tradicionales que entienden los problemas locales mejor que nadie.

Luego tenemos el Estudio de Caso 3: El Estratega de Ciclos, Michael — un agente inmobiliario canadiense de 41 años. Comenzó con $5,000 y los convirtió en $80,000 a lo largo de algunos años utilizando un análisis estricto de ciclos. Estudió los eventos de halving de Bitcoin, rastreó el sentimiento del mercado y rotó ganancias durante los mercados alcistas hacia stablecoins. Durante el mercado bajista de 2022, desplegó esas stablecoins en ETH y MATIC cerca de los mínimos del ciclo. Cuando los precios se recuperaron, su cartera superó los $250,000. ¿Su secreto? No reaccionar emocionalmente. Trató las criptomonedas como un negocio estacional y planificó sus movimientos como un jugador de ajedrez. Su historia demuestra que la conciencia de los ciclos — y la acción disciplinada — es una verdadera ventaja.

El Estudio de Caso 4: La Agricultora de Rendimiento, Natalia de España, ilustra el poder del interés compuesto pasivo. Comenzó con $20,000 y se enfocó exclusivamente en protocolos DeFi generadores de rendimiento. Aprendió a evaluar riesgos de contratos inteligentes, eligió stablecoins durante temporadas volátiles y optimizó rendimientos mediante bóvedas de auto-compounding en Yearn y Beefy. Durante dos años, su rendimiento promedio fue de alrededor del 18% anual — pero cuando llegó el ciclo alcista y rotó hacia tokens de gobernanza de alto rendimiento en el momento adecuado, su cartera explotó hasta superar los $220,000. Natalia demuestra que la inversión paciente y sin drama funciona — especialmente cuando se combina con un timing estratégico.

El Estudio de Caso 5: El Arquitecto de Salidas trata sobre Andre, un empresario brasileño que hizo crecer su cartera cripto de $15,000 a casi $500,000 en el pico del mercado alcista. A diferencia de muchos otros, no se dejó llevar por la codicia. Tenía una estrategia de salida detallada: vender en tramos en objetivos de 2x, 5x y 10x. Movió ganancias hacia bienes raíces e incluso compró una pequeña eco-granja cerca de São Paulo. Cuando el mercado colapsó en 2022, ya había asegurado sus ganancias y estaba generando ingresos con sus activos físicos. Sus posiciones restantes en criptomonedas estaban en almacenamiento en frío y utilizaba rendimiento de stablecoins para complementar flujo de caja. La historia de Andre refuerza que la riqueza se realiza cuando tomas acción — no solo cuando aparece en tu pantalla.

A través de estos ejemplos, emergen varios temas comunes:

La disciplina vence a las emociones. Cada inversionista exitoso tenía un plan escrito, automatizó sus inversiones o salidas y se mantuvo consistente.

La asimetría es real. Pequeñas posiciones investigadas en proyectos con alto potencial cambiaron vidas — pero ninguno de ellos apostó irresponsablemente todo su capital.

Los ciclos importan. El timing importa menos que la estructura — pero quienes reconocieron tendencias macro y actuaron en consecuencia crecieron más rápido y con menos riesgo.

La riqueza se preserva, no solo se gana. Ya sea mediante bienes raíces, estrategias de flujo de caja o almacenamiento en frío, cada estudio de caso incluyó protección de ganancias.

Las herramientas fueron esenciales. Cada persona utilizó algún tipo de rastreador, análisis o automatización para gestionar complejidad y mantener control.

La conclusión es clara: cualquier persona — sin importar su origen, ingresos o ubicación geográfica — puede construir riqueza que cambie su vida mediante criptomonedas con la mentalidad, estructura y comportamiento correctos. No necesitas ser perfecto. No necesitas predecir el mercado. Pero sí necesitas un sistema, un plan y la capacidad de pensar de manera independiente.

En el próximo capítulo, analizaremos el futuro de la riqueza en Web3 — incluyendo DAOs, bienes raíces tokenizados y las nuevas infraestructuras financieras de la economía del mañana. Porque la próxima ola de oportunidad ya se está formando — y recompensará a quienes estén preparados.

La Historia de Amir

Cuando Amir comenzó a explorar las criptomonedas, acababa de perder su trabajo en hospitalidad durante los primeros cierres de la pandemia. Con una indemnización de $6,000 y sin oportunidades inmediatas en el horizonte, podría haber jugado a lo seguro – guardando efectivo, reduciendo gastos y esperando que surgiera algo. En cambio, Amir decidió asumir un riesgo calculado. Invirtió $1,000 en Bitcoin y Ethereum, no esperando hacerse rico de la noche a la mañana, sino decidido a aprender todo lo posible sobre esta nueva frontera financiera.

Leyó vorazmente. Whitepapers, podcasts, análisis profundos en YouTube, hilos de Twitter – cualquier cosa que pudiera encontrar. Aprendió sobre ciclos de halving, contratos inteligentes, tarifas de gas y tokenómica. Pero lo más importante, aprendió sobre convicción. Cuando el mercado cayó un 20% y luego un 40%, Amir no vendió. Continuó aportando pequeñas cantidades cada mes, tratando su cartera cripto como un negocio. En dos años, esos $1,000 se habían convertido en más de $40,000. Y para cuando llegó el siguiente mercado alcista, su estrategia consistente había elevado su cartera por encima de $120,000. Amir no persiguió hype – construyó su riqueza mediante paciencia y disciplina.

Al otro lado del mundo, en Filipinas, Dana tenía una historia diferente. Como asistente virtual freelance para clientes occidentales, tenía acceso limitado a herramientas tradicionales de inversión. Pero sí tenía internet, curiosidad y talento para detectar oportunidades ignoradas. Cuando escuchó sobre un nuevo token diseñado para agilizar pagos para freelancers en el sudeste asiático, decidió arriesgarse. Invirtió solo $300 – lo que normalmente ganaba en una semana. Durante los siguientes seis meses, ese token explotó. Fue listado en grandes exchanges y adoptado por varias plataformas que ella misma utilizaba para trabajar. Sus $300 se transformaron en $25,000. Pero Dana no se dejó llevar por la codicia. Vendió la mitad, pagó deudas familiares y utilizó el resto para financiar un curso en línea sobre marketing blockchain – lo que le ayudó a triplicar sus tarifas freelance.

Luego estaba Jordan, dueño de un gimnasio en un pequeño pueblo de Ohio. Al principio era escéptico respecto a las criptomonedas, pero después de que un cliente le regalara una billetera física de $50 con un poco de Bitcoin, comenzó a sentir curiosidad. Empezó a observar ciclos de mercado y descubrió que la mayoría de las personas perdían dinero entrando en los picos y entrando en pánico durante las caídas. Así que Jordan creó un plan: haría DCA en BTC y ETH todos los meses, sin falta, y evitaría por completo las monedas basadas en hype.

Tres años después, sus aportes totales de $5,000 habían crecido a más de $80,000. Utilizó una parte para renovar su gimnasio y reinvirtió el resto en bienes raíces. Las criptomonedas no solo impulsaron su cartera — reconstruyeron su negocio.

En Brasil, Luciana fue una de las primeras adoptantes de DeFi. No era programadora, pero sí muy ingeniosa. Comenzó haciendo yield farming con stablecoins durante el mercado bajista, cuando la mayoría de las personas ya había descartado las criptomonedas. Utilizando bóvedas automatizadas y estrategias conservadoras, generó retornos anuales de entre 10% y 15% sobre capital que ya había retirado de otras inversiones. Con el tiempo, sus $20,000 crecieron silenciosa y constantemente. Luego, cuando regresó el mercado alcista, rotó hacia tokens de gobernanza de los mismos protocolos que había estado utilizando. Algunos se multiplicaron 10x. La cartera de Luciana alcanzó los $230,000 — no mediante especulación, sino mediante participación, estrategia e interés compuesto.

Y finalmente estaba Leandro, un inversionista en Argentina que veía las criptomonedas como una cobertura contra la inflación. Había vivido inestabilidad financiera y devaluación monetaria, por lo que los activos digitales no eran solo una oportunidad — eran una necesidad. Leandro se enfocó en fundamentos: activos blue-chip, reservas diversificadas de stablecoins y tokenización de activos del mundo real. A medida que su cartera superó las seis cifras, utilizó ganancias para comprar terreno, construir una pequeña casa de huéspedes e instalar paneles solares. No buscaba aparentar riqueza. Estaba construyendo resiliencia. Las criptomonedas le dieron las herramientas para crear una vida sostenible — no solo una vida rica.

Cada una de estas historias es diferente — pero todas reflejan las mismas verdades: comienza donde estás, invierte con intención y piensa a largo plazo. Las criptomonedas recompensan la consistencia, la convicción y la creatividad. No necesitas millones para comenzar. Necesitas un sistema, un plan y la voluntad de mantenerte firme en el camino.

El camino de $5K a $500K no está pavimentado con suerte. Está construido con pequeñas e inteligentes decisiones que se acumulan con el tiempo. La próxima historia podría ser la tuya.

oportunidad — eran una necesidad. Isandro se enfocó en fundamentos: activos blue-chip, reservas diversificadas de stablecoins y tokenización de activos del mundo real. A medida que su cartera superó las seis cifras, utilizó ganancias para comprar terreno, construir una pequeña casa de huéspedes e instalar paneles solares. No buscaba aparentar riqueza. Estaba construyendo resiliencia. Las criptomonedas le dieron las herramientas para crear una vida sostenible — no solo una vida rica.

Cada una de estas historias es diferente — pero todas reflejan las mismas verdades: comienza donde estás, invierte con intención y piensa a largo plazo. Las criptomonedas recompensan la consistencia, la convicción y la creatividad. No necesitas millones para comenzar. Necesitas un sistema, un plan y la voluntad de mantenerte firme en el camino.

El camino de $5K a $500K no está pavimentado con suerte. Está construido con pequeñas e inteligentes decisiones que se acumulan con el tiempo. La próxima historia podría ser la tuya.

Capítulo 8: El Futuro de la Riqueza en Web3

Por más poderoso que haya sido el mundo cripto durante la última década, la verdadera transformación apenas está comenzando. La próxima fase de la economía digital es Web3 — una nueva arquitectura de internet que transfiere la propiedad, la gobernanza y el intercambio de valor a las manos de los usuarios. Para los constructores de riqueza en criptomonedas, entender hacia dónde se dirige Web3 no se trata solo de mantenerse actualizados — se trata de posicionarse para la próxima ola de oportunidades. En este capítulo, exploraremos cómo evolucionará la creación de riqueza en la era Web3, incluyendo DAOs, activos del mundo real tokenizados, identidad descentralizada y nuevos modelos de ingresos basados en la participación.

En esencia, Web3 representa un cambio de plataformas a protocolos, de usuarios a propietarios. En Web2, contribuyes con contenido, datos y tiempo — pero no posees nada. En Web3, tu participación es recompensada con tokens, NFTs o participaciones dentro de la propia red. Esto lo cambia todo. Convierte a los consumidores en accionistas. Convierte redes sociales, mercados e incluso videojuegos en economías. Y para los inversionistas capaces de detectar adopción temprana,

Web3 crea oportunidades asimétricas mucho más allá de lo que hemos visto antes.

Uno de los vehículos más emocionantes para construir riqueza en Web3 es la DAO — Organización Autónoma Descentralizada. Estas son entidades nativas de internet gobernadas por contratos inteligentes y poseedores de tokens en lugar de ejecutivos tradicionales o juntas directivas. Las DAOs pueden ser clubes de inversión, organizaciones que otorgan subvenciones, proveedores de servicios o incluso negocios completos. Como inversionista cripto, participar en DAOs ofrece tres beneficios distintos: acceso temprano a proyectos prometedores, derechos de voto sobre asignaciones de tesorería y posibles recompensas o dividendos provenientes de actividades de la DAO. Algunas DAOs incluso pagan a colaboradores en stablecoins o tokens de gobernanza. La clave para beneficiarse no es solo comprar tokens DAO — es participar y ayudar a dar forma al futuro de la organización en la que crees.

Otro desarrollo clave en Web3 es el auge de los activos del mundo real tokenizados (RWAs). Estos son activos físicos o fuera de cadena, como bienes raíces, créditos de carbono, bonos del tesoro o arte fino, representados como tokens basados en blockchain. La tokenización desbloquea liquidez en mercados tradicionalmente ilíquidos y permite propiedad fraccionada y trading las 24 horas del día. Plataformas como Goldfinch, Centrifuge y RealT están liderando estos modelos. Para los inversionistas, los RWAs representan un puente entre las criptomonedas y las finanzas tradicionales — proporcionando rendimiento estable con transparencia on-chain. Imagina ganar un 8% en bienes raíces comerciales tokenizados, sin necesidad de ser millonario ni atravesar obstáculos institucionales.

La identidad descentralizada (DID) es otra frontera. En Web3, tu billetera se convierte en tu pasaporte. Tu historial on-chain, NFTs, membresías DAO e incluso credenciales de plataformas educativas pueden formar una capa de reputación que reemplaza nombres de usuario y contraseñas. Proyectos como ENS (Ethereum Name Service), Lens Protocol y Soulbound Tokens están explorando este espacio. A medida que la identidad se mueve on-chain, surgirán nuevos modelos de riqueza — desde préstamos basados en reputación hasta acceso verificado para contenido o servicios premium. Poseer infraestructura de identidad o invertir en ecosistemas DID tempranos podría llegar a ser tan importante como poseer bienes raíces en los primeros días de internet.

Web3 también introduce nuevos modelos de ingresos que recompensan la contribución en lugar de la extracción. Imagina recibir pagos por curar contenido, votar en gobernanza, proporcionar datos o incluso simplemente participar. Plataformas como Mirror (para escritura), Audius (para música) y ecosistemas Play-to-Earn ya lo han demostrado. Pero la verdadera riqueza puede no provenir de ser usuario — sino de poseer la infraestructura que impulsa estos sistemas. Invertir temprano en plataformas centradas en creadores, protocolos de contenido y tokens de reparto de regalías puede desbloquear ingresos recurrentes y potencial similar al capital accionario.

Los tokens sociales y monedas comunitarias son otra tendencia que remodelará las marcas personales y las microeconomías. Influencers, educadores, atletas y emprendedores pueden lanzar tokens que representen acceso, lealtad y valor. Estos tokens pueden estar vinculados a contenido exclusivo, gobernanza de una tesorería comunitaria o incluso participación en beneficios a largo plazo. Para los inversionistas, esto significa la oportunidad de respaldar comunidades — no solo empresas — y beneficiarse cuando esas comunidades crecen en fuerza e influencia.

Otra área enorme es la financiación modular — la desagregación y recombinación de productos financieros mediante contratos inteligentes componibles. En lugar de depender de un solo banco, los usuarios pueden combinar protocolos: uno para préstamos, otro para colateralización, otro para seguros y otro para pagos. Los inversionistas que entienden cómo interactúan estas capas pueden identificar los bloques de construcción de las próximas grandes aplicaciones financieras — y posicionarse temprano. Las estrategias de rendimiento ya no dependerán únicamente del farming — implicarán "money legos" e innovación sin permisos.

En Web3, incluso los mercados laborales evolucionarán. En lugar de plataformas freelance centralizadas que cobran enormes comisiones, los protocolos permitirán conexiones directas, flujos de pago en criptomonedas y verificación de credenciales. Proyectos como Braintrust, Superfluid y Talent Protocol apuntan hacia este futuro. Si construyes o inviertes temprano en estas redes, obtendrás exposición no solo a retornos financieros, sino también a propiedad de infraestructura económica.

Finalmente, vale la pena entender la filosofía de abundancia detrás de Web3. A diferencia de las finanzas tradicionales, que suelen bloquear oportunidades detrás de credenciales o capital, Web3 trata sobre acceso. Las redes sin permisos permiten que personas de cualquier lugar — independientemente de su estatus — participen en la creación de valor. Esta inclusión global no es solo moral — es rentable. Los próximos 100 millones de usuarios de Web3 no vendrán de Silicon Valley. Vendrán de Nigeria, Colombia, India y Filipinas — y traerán nuevos casos de uso, talento e ideas que impulsarán el crecimiento.

Como constructor de riqueza, tu ventaja en Web3 no provendrá solo de elegir la moneda correcta. Vendrá de comprender los efectos de red de la propiedad. Desde DAOs hasta datos descentralizados, desde activos tokenizados hasta ingresos basados en participación — Web3 te brinda un asiento en primera fila hacia el futuro del valor.

En el próximo capítulo, exploraremos cómo llevar tu conocimiento de Web3 a nivel global — comprendiendo la adopción cripto en mercados emergentes, las barreras de acceso y la enorme oportunidad que existe para quienes puedan servir a poblaciones no bancarizadas con herramientas descentralizadas.

Kai y Web3

Kai siempre había estado fascinado por internet. Creció en Corea del Sur, construyó su primer sitio web a los 12 años y comenzó una pequeña comunidad de videojuegos a los 15. Pero no fue hasta que descubrió Web3 a mediados de sus veinte años que todo encajó. Por primera vez, vio internet no solo como un lugar para consumir y conectarse — sino como un lugar para poseer. Y con esa realización, comenzó a construir no solo proyectos digitales — sino riqueza digital.

Al principio, Kai compraba tokens como todos los demás. Pero lo que captó su atención no fueron los precios — fueron las redes. Se unió a una DAO enfocada en identidad digital, donde cada colaborador tenía derechos de voto sobre decisiones de tesorería. En lugar de ser un cliente, ahora era accionista. Ayudó a redactar documentación, participó en llamadas de gobernanza y fue recompensado con tokens que aumentaron de valor a medida que el protocolo ganaba tracción. Su billetera se convirtió en algo más que almacenamiento — se convirtió en su currículum, prueba de sus contribuciones y de su creciente reputación on-chain.

A medida que pasaban los meses, Kai exploró el mundo de los bienes raíces tokenizados. Compró propiedad fraccionada de un condominio en Miami mediante una plataforma llamada RealT, recibiendo pagos de renta directamente en su billetera en USDC. Fue un momento revelador. Por primera vez, la inversión transfronteriza era fluida, sin permisos y eficiente. Ya no necesitaba confiar en intermediarios. Su token era la escritura de propiedad. Esto no era especulación — era ingreso. Y le enseñó que Web3 no se trataba solo de criptomonedas — se trataba de transformar cómo poseemos y administramos todo.

También descubrió el poder de la identidad descentralizada. Con su nombre ENS, su perfil de GitHub y sus credenciales DAO vinculadas a una sola billetera, comenzó a recibir invitaciones a eventos privados, oportunidades whitelist e incluso ofertas de trabajo — todo basado en su actividad on-chain. No necesitaba enviar un currículum. Su trabajo hablaba por sí mismo. Se dio cuenta de que en Web3, tu billetera puede convertirse en tu reputación — y que la identidad será la base de la construcción de riqueza futura.

Kai comenzó a experimentar con tokens sociales. Lanzó una pequeña moneda comunitaria para los suscriptores de su newsletter. El token no solo representaba acceso — daba a los poseedores voz sobre qué temas cubriría e incluso participación en ingresos de cursos premium que estaba lanzando. A medida que su audiencia crecía, también lo hacía el valor del token. Ya no se trataba de vender contenido — se trataba de co-crear una economía con sus seguidores más leales. Este modelo, se dio cuenta, era el futuro para creadores, maestros y emprendedores.

Pero no todo era glamour. Kai aprendió sobre el riesgo de contratos inteligentes de la manera difícil cuando un pequeño protocolo DeFi en el que estaba haciendo farming colapsó debido a un error. Perdió $3,000 de la noche a la mañana. En lugar de abandonar, redobló esfuerzos en aprender — cómo auditar código, cómo evaluar riesgos de protocolos y cómo usar herramientas como DeBank, Dune y Snapshot para mantenerse adelante. Sus pérdidas se convirtieron en matrícula educativa. Y su crecimiento se volvió exponencial.

A medida que ganaba confianza, Kai comenzó a asesorar startups en todo el sudeste asiático, ayudándolas a integrar herramientas Web3 en sus plataformas — puntos de lealtad, membresías NFT y gobernanza estilo DAO. Ganaba no en fiat, sino en tokens de participación. Algunos proyectos fracasaron. Pero uno, una plataforma descentralizada de aprendizaje, despegó. Su pequeña participación se multiplicó 40x en un año. No fue suerte. Fue el valor de su trabajo — prueba de que en Web3, los constructores son los nuevos inversionistas.

La historia de Kai todavía se está escribiendo. Pero una cosa es clara — no está invirtiendo solo en tokens. Está invirtiendo en infraestructura. En propiedad. En los sistemas que definirán la próxima era de internet. No está intentando hacerse rico con la próxima meme coin. Está jugando el juego largo — aquel donde la riqueza se construye ayudando a crear las redes que todos utilizaremos mañana.

El futuro de Web3 pertenece a quienes construyen y pertenecen. Ya sea mediante DAOs, identidad descentralizada, activos tokenizados o economías de creadores — las nuevas reglas de la riqueza ya están aquí. Y no requieren permiso.

Capítulo 9: La Riqueza Cripto y la Oportunidad Global

La revolución de las criptomonedas no es solo una historia de Silicon Valley — es una historia global. Aunque el foco suele centrarse en inversionistas e instituciones occidentales, el verdadero crecimiento, adopción y oportunidad están explotando en los mercados emergentes. Desde Nigeria hasta Argentina, desde Filipinas hasta Turquía, las personas están recurriendo a las criptomonedas no como un activo especulativo, sino como una salvación. Para inversionistas y constructores por igual, este capítulo explora el enorme potencial de la adopción global de criptomonedas y cómo representa una de las oportunidades de riqueza más poderosas y subestimadas de nuestro tiempo.

Comencemos con el porqué. En muchos países, la inflación está fuera de control, los sistemas bancarios son ineficientes y el acceso a servicios financieros básicos es limitado. Las criptomonedas ofrecen una solución — dinero descentralizado, sin fronteras y sin permisos. Permiten a las personas almacenar valor en stablecoins en lugar de monedas locales que se devalúan rápidamente. Dan a los freelancers la capacidad de recibir pagos instantáneamente en USDC sin altas tarifas ni trámites burocráticos. Permiten a las familias mover dinero a través de fronteras en minutos, no en días — y por una fracción del costo. En resumen, las criptomonedas están resolviendo problemas reales y la demanda está creciendo rápidamente.

Países como Argentina, donde la inflación ha superado el 100%, han visto un crecimiento récord en el uso de criptomonedas. En Nigeria, el volumen de comercio peer-to-peer de criptomonedas se encuentra entre los más altos del mundo. Turquía, Vietnam, India y Ucrania están todos entre los diez principales en adopción según informes de Chainalysis. Estos usuarios no están operando meme coins — están utilizando criptomonedas para supervivencia, remesas, ahorro y pagos. Aquí es donde se enfocará la próxima ola de innovación y capital — y los inversionistas inteligentes llegarán temprano.

Como inversionista, comprender la adopción global de criptomonedas te ayuda a identificar oportunidades asimétricas que otros pasan por alto. Por ejemplo, tokens enfocados en DeFi móvil, infraestructura de salida a fiat, micropagos o uso de stablecoins en mercados no bancarizados pueden parecer "aburridos" para traders occidentales — pero son el corazón de las criptomonedas en economías en desarrollo. Protocolos como Celo, Near, Reserve, World

Mobile y Valora están construyendo específicamente para estos usuarios — a menudo con capitalizaciones más pequeñas y enorme potencial de crecimiento.

Invertir en plataformas localizadas — exchanges, billeteras y sistemas de pago construidos para regiones específicas — también puede generar un enorme potencial alcista. La expansión de Binance en África, América Latina y el sudeste asiático fue una apuesta estratégica por el crecimiento de usuarios, y nuevos actores están siguiendo ese camino. Si entras temprano en un proyecto que construye infraestructura cripto para India rural o el norte de África, el potencial de retorno puede ser enorme— especialmente si ese proyecto consigue alianzas gubernamentales, integraciones con ONGs o apoyo de operadores móviles.

Más allá de invertir, existe otra oportunidad: servir a estos mercados. Los constructores de riqueza que lancen productos educativos, herramientas o servicios adaptados a mercados emergentes pueden acceder a miles de millones de usuarios desatendidos. Piensa en cursos de criptomonedas en idiomas nativos, billeteras DeFi con tarifas ultrabajas o plataformas NFT enfocadas en arte y cultura local. Las personas que resuelvan problemas reales para gente real — no solo para primeros adoptantes occidentales — crearán negocios con escala global.

Una tendencia clave es el auge del empleo nativo en criptomonedas. A medida que blockchain se vuelve global, también lo hacen las oportunidades laborales. Desarrolladores en Venezuela, diseñadores en Ghana y especialistas en marketing en Bangladesh están ganando en criptomonedas, uniéndose a DAOs y trabajando como freelancers para startups Web3. Plataformas como Gitcoin, Braintrust y Dework permiten que trabajadores en países de bajos ingresos ganen stablecoins o tokens, construyan reputaciones on-chain y desbloqueen libertad financiera. Como inversionista o constructor, ayudar a escalar estas plataformas — o incluso lanzar una enfocada en un nicho específico — podría ser inmensamente rentable y de gran impacto.

También debemos considerar a las stablecoins como la columna vertebral de la riqueza cripto global. Para miles de millones de personas, el dólar estadounidense — no Bitcoin — es el depósito de valor en el que más confían. Stablecoins como USDC, USDT e incluso alternativas algorítmicas se están convirtiendo en dinero cotidiano en lugares donde los bancos fallan. Los proyectos que construyan pares locales de stablecoins, pools regionales de liquidez o puentes fiat-a-cripto desempeñarán un papel clave en la adopción global. Apoyar hoy estas capas de infraestructura puede conducir a riqueza a largo plazo mañana.

Por supuesto, existen desafíos. Muchos mercados emergentes enfrentan incertidumbre regulatoria, problemas de conectividad a internet y oposición local. Pero la demanda ya existe. La necesidad es real. Y las criptomonedas, a diferencia de las finanzas tradicionales, no esperan permiso. Las billeteras móviles, aplicaciones peer-to-peer y protocolos DeFi de bajo consumo de ancho de banda ya están llenando el vacío. Los constructores e inversionistas que anticipen estas necesidades — y localicen sus soluciones — serán los ganadores.

Finalmente, la adopción global trata sobre mentalidad. Si estás construyendo riqueza en criptomonedas, debes pensar más allá de tu país, más allá de tu moneda y más allá de tus limitaciones. Internet hizo global el conocimiento. Las criptomonedas hacen global el valor. Si puedes ver los patrones, identificar a los desatendidos y alinearte con innovación impulsada por una misión, no solo harás crecer tu cartera — ayudarás a dar forma al futuro financiero de miles de millones de personas.

En el próximo capítulo — nuestro último capítulo — te ayudaremos a crear tu plan personal de cinco años, combinando todo lo que has aprendido en un plano para construir riqueza cripto sostenible. Has visto las estrategias. Has conocido a los constructores. Ahora es momento de unirlo todo.

Cómo Zuri se Volvió Global

Zuri vivía en Lagos, Nigeria — una ciudad llena de creatividad, comercio y contradicciones. Su familia siempre había luchado contra la volatilidad monetaria, la inflación y el acceso limitado a la banca. Recibir pagos como trabajadora remota era un desafío. Mover dinero a través de fronteras era costoso. ¿Y ahorrar dinero? Era una batalla contra el tiempo. Pero todo cambió cuando descubrió las criptomonedas — no como una tendencia de inversión, sino como una herramienta de supervivencia.

Todo comenzó con una stablecoin. Un cliente en Estados Unidos le ofreció pagarle en USDC en lugar de su moneda local. Al principio dudó. Pero después de investigar un poco, descargó una billetera, recibió su primer pago y observó cómo se liquidaba en segundos — sin tarifas. Por primera vez, Zuri no necesitaba depender de la frágil infraestructura bancaria que tantas veces le había fallado. Su dinero ahora era más rápido, más seguro y valía más mañana que hoy.

Pronto comenzó a contárselo a amigos y familiares. Su primo utilizó criptomonedas para enviar dinero desde Europa sin las elevadas tarifas de remesas. Su amiga de la escuela empezó a ganar dinero mediante trabajos en DAOs y a recibir pagos en stablecoins. No estaban operando meme coins — estaban utilizando criptomonedas para construir una vida mejor.

Inspirada, Zuri comenzó a aprender sobre finanzas descentralizadas. Hizo staking con algunos USDC y comenzó a ganar intereses. Exploró yield farming y descubrió maneras de generar ingresos con protocolos diseñados para usuarios móviles en África. Vio proyectos como Celo y Valora construyendo específicamente para personas como ella — personas que se habían saltado las computadoras y habían pasado directamente a los teléfonos móviles. Se sintió comprendida.

No estaba sola. En sus grupos en línea, se conectó con personas de Argentina, Vietnam y Líbano — todos enfrentando economías inestables pero encontrando esperanza en blockchain. Un artista venezolano vendía arte NFT y utilizaba las ganancias para alimentar a su familia. Una mujer en Filipinas ganaba criptomonedas enseñando inglés en una DAO educativa descentralizada. No solo estaban sobreviviendo — estaban prosperando.

Zuri se dio cuenta de que la revolución cripto no estaba ocurriendo en los titulares — estaba ocurriendo en grupos de WhatsApp, comunidades de Discord y aplicaciones peer-to-peer en lugares que los medios rara vez cubrían. No se trataba de Lamborghinis ni lujo — se trataba de dignidad e independencia. Se trataba de madres protegiendo sus ahorros. Emprendedores levantando capital. Jóvenes construyendo imperios digitales desde lugares que habían sido excluidos del sistema financiero.

Finalmente, Zuri lanzó su propio negocio — un servicio de incorporación cripto para freelancers y pequeños negocios locales. Enseñaba a las personas cómo aceptar stablecoins, proteger sus billeteras y utilizar DeFi para ahorrar y hacer crecer sus ingresos. Ganaba en criptomonedas. Ahorraba en criptomonedas. Enseñaba en criptomonedas. Y por primera vez en su vida, no tenía miedo del próximo colapso económico de su país. Estaba preparada.

Para cuando los inversionistas globales comenzaron a prestar atención al auge cripto en África, Zuri ya estaba construyendo junto a los mejores. No solo había creado seguridad financiera para sí misma, sino que también había ayudado a cientos de otras personas a hacer lo mismo. Y lo hizo sin pedir permiso. Sin capital de riesgo. Sin esperar a que las políticas se pusieran al día.

La historia de Zuri es una entre millones — historias que no aparecerán en los titulares pero que están transformando el futuro financiero desde abajo hacia arriba. Mientras otros debaten la legitimidad de las criptomonedas, el resto del mundo ya las está utilizando. Y como constructores de riqueza, la lección es clara: las mayores oportunidades no vendrán de observar Wall Street. Vendrán de observar al mundo.

Capítulo 10: Uniéndolo Todo — Tu Plan de 5 Años

A estas alturas, ya has aprendido las estrategias fundamentales para construir riqueza en la economía cripto — inversión asimétrica, dominio de ciclos, gestión de riesgos, salidas inteligentes, oportunidades globales y el poder de participar en Web3. Pero el conocimiento sin un plan es potencial desperdiciado. En este capítulo final, uniremos todo en un plano simple y poderoso de 5 años para ayudarte a construir, preservar y escalar una cartera cripto de seis o siete cifras con claridad y confianza.

Paso 1: Define Tus Objetivos de Riqueza

Antes de elegir tokens o estrategias, define qué significa la riqueza para ti. ¿Es un número? ¿Un estilo de vida? ¿Libertad de un trabajo? ¿Poseer tierra? ¿Apoyar a tu familia? Construye alrededor de un propósito — no del hype. Tu plan de 5 años debe reflejar objetivos claros y medibles. Por ejemplo:

Alcanzar una cartera neta cripto de $250,000

Generar $2,000/mes en ingresos pasivos con criptomonedas

Usar ganancias para comprar una casa o propiedad libre de deudas

Financiar jubilación temprana o gastos educativos

Conecta tus metas cripto con resultados reales. Esto le da peso y motivación a tu plan — especialmente durante temporadas volátiles.

Paso 2: Construye la Estructura de Tu Cartera

Tu camino hacia la riqueza cripto comienza con estructura — no solo especulación. Utiliza el enfoque por capas:

40–60% Holdings Principales: Bitcoin, Ethereum u otros activos blue-chip

20–30% Mid-Caps: Layer 1s, protocolos DeFi, tokens de infraestructura

10–20% Apuestas Asimétricas: Small caps con enorme potencial alcista

5–15% Stablecoins: Capital disponible para caídas o rendimiento estable

Reequilibra cada 3–6 meses para asegurar ganancias, reducir riesgo y mantener alineación con tus metas. Piensa como un arquitecto, no como un apostador.

Paso 3: Usa Promedio de Costo en Dólares + Ciclos

Configura aportes automáticos mensuales o quincenales a tu cartera. Esto suaviza la volatilidad y elimina emociones. Combina DCA con conciencia de ciclos:

Acumula durante mercados bajistas

Toma ganancias durante movimientos parabólicos

Mantén efectivo en etapas tardías de mercados alcistas

Vuelve a entrar durante los colapsos

No acertarás perfectamente el timing — y no necesitas hacerlo. Solo construye un ritmo que te permita comprar barato, aprovechar el crecimiento y protegerte cuando llegue el pico.

Paso 4: Automatiza, Rastrea y Analiza

Utiliza herramientas para reducir estrés y aumentar claridad:

Rastreadores: CoinStats, Delta, DeBank para visibilidad de cartera

Análisis: Glassnode, Dune, CryptoQuant para señales de mercado

Seguridad: Billeteras físicas, MFA, multisig para protección

Software Fiscal: Koinly, CoinTracking para cumplimiento tributario

Paneles: Notion, Google Sheets o tu propio Centro de Control

Actualiza tu panel mensualmente. Revisa rendimiento, reequilibra según sea necesario y anota aprendizajes de cada ciclo de mercado.

Paso 5: Protege y Preserva

A medida que tu cartera crezca, cambia de crecimiento a preservación. Eso significa:

Mover ganancias hacia activos del mundo real (propiedades, negocios, metales)

Generar ingresos pasivos mediante staking o yield farming

Usar almacenamiento en frío para holdings a largo plazo

Tener una estrategia de salida clara y escrita

Considerar fideicomisos, LLCs o billeteras multisig para planificación patrimonial

La riqueza no se trata solo de crear — se trata de conservar. Protege tus victorias como si tu futuro dependiera de ello — porque así es.

Paso 6: Piensa Global y Participa

Web3 es global. La creación de riqueza no proviene solo del trading — proviene de la participación. Elige una de las siguientes opciones:

Únete a una DAO y contribuye

Lanza un token social o una colección NFT

Construye contenido en plataformas Web3 como Mirror o Lens

Invierte en proyectos dirigidos a mercados emergentes

Aprende a ganar en una economía laboral nativa de criptomonedas

Cada actividad multiplica tu red, tus habilidades y tu reputación on-chain — todo lo cual pagará dividendos en el próximo ciclo.

Paso 7: Revisa Anualmente y Evoluciona

Al final de cada año, pregúntate:

¿Qué funcionó? ¿Qué no funcionó?

¿Cómo cambió mi patrimonio neto?

¿Qué lecciones aprendí del mercado?

¿Cómo puedo ajustar mis asignaciones o perfil de riesgo?

¿Qué nuevas tendencias o narrativas estoy observando?

Tu plan de 5 años no es un mapa rígido. Es una estrategia viva — una que evoluciona contigo y con el ecosistema cripto en constante cambio.

Ejemplo de Metas Año por Año

Año 1: Construir la estructura de la cartera, automatizar DCA, unirse a una DAO o comunidad Web3, alcanzar entre $10K–$25K en holdings cripto

Año 2: Agregar apuestas asimétricas, comenzar a generar ingresos pasivos, construir una estrategia de salida, alcanzar una cartera de $50K

Año 3: Tomar primeras ganancias, reinvertir en activos reales o rendimiento, aumentar reservas en stablecoins, contribuir a un proyecto on-chain

Año 4: Superar las seis cifras, diversificar ingresos mediante educación, consultoría o tokens sociales, prepararse para rotación de mercado

Año 5: Cosechar ganancias, asegurar estabilidad financiera a largo plazo, ayudar a otros y comenzar la próxima ola de capitalización compuesta

Este plan es un plano — pero el trabajo es tuyo. No necesitas apresurarte. No necesitas ser perfecto. Solo necesitas presentarte consistentemente con intención, inteligencia y resiliencia.

En criptomonedas, el futuro no pertenece a los más rápidos. Pertenece a quienes piensan a largo plazo, ejecutan con propósito y saben cuándo proteger lo que han construido.

Estás a una decisión de comenzar ese viaje. Haz que cuente.

Ahora, repasemos la historia de Aarav

Aarav estaba de pie al borde de una playa tranquila en Goa, India, observando el amanecer con una sensación de paz que no había sentido en años. Apenas cinco años antes, estaba atrapado en un trabajo corporativo de TI, viajando diariamente entre el caos, ahorrando lo poco que podía y preguntándose si la libertad financiera era solo un mito para personas nacidas con ventajas que él no tenía. Entonces descubrió las criptomonedas. Comenzó como curiosidad — se convirtió en compromiso — y finalmente en control sobre su vida y su futuro.

Al principio, Aarav no sabía por dónde empezar. No tenía un título en finanzas ni conexiones tecnológicas. Pero tenía un objetivo claro: liberarse del sistema que lo mantenía atrapado, construir suficiente riqueza para elegir cómo vivir y ayudar a otros a su alrededor a hacer lo mismo. Escribió su meta: "En 5 años, construiré una cartera cripto de $250,000 que me genere $2,000/mes en ingresos pasivos. Estaré libre de deudas, independiente de ubicación y construyendo cosas que amo."

Comenzó con $2,000 y una hoja de cálculo. Asignó 50% a Bitcoin y Ethereum, 30% a proyectos como Avalanche y Aave y 10% a pequeños tokens prometedores que resolvían problemas reales. ¿El 10% restante? Stablecoins — su red de seguridad. Configuró compras automáticas mensuales y comenzó a rastrear su patrimonio neto cada 30 días, sin importar las fluctuaciones de precio. Su regla era simple: ser aburrido cuando otros hacen ruido y ser valiente cuando otros están en silencio.

Durante el primer año, su cartera cayó. Luego se disparó. Luego volvió a caer. Pero siguió el plan — no porque no tuviera miedo, sino porque tenía estructura. Automatizó decisiones. Actualizaba su panel cada domingo. Revisaba sus notas de ciclos. Y lentamente ocurrió algo poderoso: dejó de perseguir tendencias y comenzó a anticiparlas.

Al final del segundo año, había tomado sus primeras pequeñas ganancias. Pagó una tarjeta de crédito. Compró un electrodoméstico nuevo para sus padres. No era glamuroso — pero era progreso. En el tercer año, rotó desde tokens parabólicos hacia protocolos de rendimiento con stablecoins y movió una parte de capital hacia una propiedad tokenizada de alquiler que le pagaba mensualmente en USDC. En el cuarto año, ayudó a una ONG local a configurar un sistema de donaciones mediante criptomonedas, ofreciendo igualar sus primeros $1,000. Ya no era solo un inversionista. Era un constructor. Un contribuyente. Un líder.

Ahora, en el quinto año, la cartera de Aarav ha superado los $310,000. Sus ingresos pasivos promedian $2,200/mes — suficientes para cubrir su vida en Goa, invertir en nuevos proyectos e incluso financiar una startup con amigos. Pero más importante aún, tiene libertad. La libertad de elegir cuándo trabaja. Con quién trabaja. Y por qué.

Su viaje de cinco años no fue perfecto. Perdió algunas ganancias. Perdió dinero en malas inversiones. Incluso fue estafado una vez. Pero su sistema lo protegió. Su mentalidad lo mantuvo centrado. Y su propósito le dio algo que el dinero no puede comprar: paz.

La historia de Aarav nos recuerda que la riqueza cripto no se construye en un fin de semana. Se construye durante semanas, meses y años — con intención, disciplina y riesgo inteligente. Con una meta clara, una estructura simple y acción consistente, cualquiera puede crear un plan de 5 años que conduzca a verdadera libertad.

Tu historia comienza igual que la suya — con una decisión. Tómala hoy. Construye tu sistema. Síguelo. Ajusta en el camino. Y dentro de cinco años, podrías estar de pie al borde de tu propia nueva vida — libre, enfocado y finalmente en control.

De los Sueños Digitales a la Libertad Duradera

Las criptomonedas pueden haber comenzado como un experimento — una idea radical escrita en un whitepaper por una figura seudónima — pero hoy son una fuerza global que está redefiniendo cómo pensamos sobre el dinero, la propiedad y la oportunidad. Es fácil dejarse llevar por los gráficos, los ciclos y la tecnología. Pero en esencia, la economía cripto trata sobre algo profundamente humano: la libertad. La libertad de ser dueño de tu futuro. De controlar tu destino. De salir de sistemas rotos y construir algo mejor.

Este libro no fue escrito para decirte qué token comprar o cuándo vender. Fue escrito para ayudarte a construir algo mucho más valioso: una mentalidad. Una estrategia. Una hoja de ruta. Una que dure más que cualquier mercado alcista o ciclo bajista. Porque la riqueza — la verdadera riqueza — no se mide por el punto máximo de tu cartera. Se mide por la paz que sientes al saber que ya no estás jugando el juego de otra persona.

Si has llegado hasta aquí, no eres solo un lector. Eres un constructor. Un creyente. Alguien que ve más allá del ruido y entiende el poder silencioso de la acción compuesta. Ahora sabes que las pequeñas decisiones consistentes vencen a los grandes movimientos emocionales. Que la planificación supera al pánico. Y que la verdadera riqueza requiere tanto valentía como control.

Tal vez apenas estés comenzando tu camino con unos pocos cientos de dólares y muchas preguntas. O tal vez ya hayas construido una cartera sólida y estés buscando el siguiente paso. De cualquier manera, tu éxito vendrá de cómo piensas, cómo te adaptas y cómo ejecutas — no de predecir el mercado ni de perseguir hype.

Has visto las historias. Personas que comenzaron con $1,000 y terminaron con carteras de seis cifras. Madres solteras que construyeron independencia financiera con stablecoins. Colaboradores de DAOs que transformaron pasión en propósito. Agricultores, maestros y freelancers de Lagos, Buenos Aires, Manila y más allá — construyendo en silencio, aprendiendo sobre la marcha y dando forma a la próxima era financiera.

Las criptomonedas no se preocupan por dónde naciste. No les importa tu currículum. Recompensan la curiosidad. La disciplina. La paciencia. Y la acción. Castigan la codicia y el ego. Y elevan a quienes construyen, aportan y lideran con claridad.

Lo que venga después depende completamente de ti. Puedes alejarte de este libro inspirado pero sin cambios. O puedes abrir tu calendario, crear tu panel de control, escribir tus metas de cinco años y comenzar a construir — lenta, silenciosa y poderosamente.

Porque dentro de cinco años, el mundo será diferente. Nuevos protocolos surgirán. Nuevos imperios serán construidos. Millones más serán incorporados. Y la riqueza fluirá hacia quienes no esperaron permiso. Quienes no esperaron a que las noticias se pusieran al día. Quienes dieron su paso cuando todo aún era incierto.

Tienes las herramientas. Tienes el plano. Ahora tienes la responsabilidad. El futuro de la riqueza no está esperando. Se está creando ahora mismo — por personas exactamente como tú.

Así que construye. Comparte. Enseña. Invierte sabiamente. Y cuando algún día mires hacia atrás a la vida que has creado, que sea prueba de que no solo montaste la ola — diseñaste el océano.

No eres solo parte de una revolución financiera.

Eres parte de un *despertar de riqueza.*

www.ingramcontent.com/pod-product-compliance
Lightning Source LLC
LaVergne TN
LVHW040521210926
848480LV00007BA/1539
9798295885068